大厝·钟宅

文字·图片 强涛

故事(01-59) 图片(287) 文字(150千)

钟宅 五房 二十二代 七百多户 三千八百多人

序 / 人与土地的共生共存

晓雯

六百年前，钟宅人的祖先带着畲族人的勤劳、勇敢来到这片宁静的海湾，他们希望子孙后代能把那特有的民族气息深深地播种在他们开垦过的泥土里。

六百年过去了，汉风把畲族的气息吹得支离破碎，但钟宅人不忘悼念他们的祖先，还记着祖先交待下来祭奠神明的活动，还守着先人留下的碳黑的旧厝，口授身传地把自己民族的习俗和礼教一代一代地教予后人。1988年他们的民族终于从汉族改回了畲族，一个不敢忘记身世的民族终于被肯定，厦门岛惟一的畲族村落复生了。

钟宅依山傍海，六百年来畲民半渔半耕过着勤劳而富庶的日子。钟宅人有一手滩涂养殖的好功夫，钟宅的“七耳海蛎”远近闻名，钟宅渔港也曾是繁华一时，成为厦门岛东部的热闹去处。钟宅的子孙是聪慧的，有志向的。明末清初，中国海禁开启伊始，漂洋过海的群人中就有钟宅的子孙，他们或经商成功为富商巨贾，或学业有成以知识报国，这从钟宅一幢幢西式楼宇中，可以寻觅到他们成功的痕迹。

上世纪九十年代前，钟宅基本上是块完好保存着六百年史料的沃土，阡陌间鸡鸣狗吠相闻，街巷内人语童言流淌，扑面而来的是咸湿的海的味道，以及浓艳的尊礼朝佛的乡风……钟宅是厦门岛内仅存的少数民族村落，它被包含在繁华的都市里面，六百年来一直处于单姓氏的群居状态，他们始终保留着浓厚的生活习俗与节奏，以“烧王船”、“吃祖墓”为代表的钟宅畲族文化，不但遗有畲族崇尚祖先的习俗旧貌，其中还夹杂着闽南地域的风情，这种融合的与边缘化的文化代表，正是钟宅畲族文化的稀缺性与可贵性。

现代都市化是嚣张的时尚，它步步进逼终于把钟宅推到了无以退让、即将改造的当口。

2000年前后，厦门修建环岛路，征用了钟宅三千多亩的滩涂，从此，钟宅“七耳海蛎”只能留在人们的梦里。

2000年前后，厦门软件园建设，征用了钟宅近两千多亩山地，从此，钟宅畲民的农具日渐锈蚀。

2003年，厦门钟宅湾总体规划方案出台，钟宅被列为重点改造项目，钟宅六百年的传承危在旦夕。

钟宅位于城市之中，但它又无法真正融入城市生活，在失去海洋、失去土地之后，他们增值财富，保障生活的惟一手段是靠在宅基地上“长”房子出租来以维计。

2003年，钟宅人奋争的声音引起了政府与社会的注意，政府确定了钟宅湾改造要有“保护畲民利益、尊重畲族民俗”的思路，决定旧村改造以畲族民俗村的方式体现，钟宅畲民就地安置。2003年厦门投资贸易洽谈会期间，湖里区政府建议国源公司承接钟宅村改造项目，随即政府与国源公司签署了改造协议。

“国源公司与钟宅的缘分是在冥冥之中”。国源人说，第一次到钟宅是个深秋的黄昏，当她穿过喧嚣的闹市，走进钟宅老街的时候，她看见这样的画面：夕阳下安静的池塘，拖着老长“胡须”的古老榕树，晒谷场上母鸡唤着啄米的小鸡，大厝前古老的水井，以及井边浣洗的妇人……这是每个闽南人都熟悉的童年的梦。在那一瞬间她深深地爱上了这里。随着调查的深入，国源公司对这方养育了钟宅人的土地，产生了敬畏之心。俗话说“一方水土养一方人”，钟宅的祖先落根在这块土地上，这方土地就给了钟宅人衣食饱暖，让畲族子孙香火延续永传。

国源人以一种人文的眼光看待钟宅的畲族历史与文化，她认定钟宅畲族历史与文化是厦门乃至闽南的瑰宝，国源人有责任把它淘洗出来。“重文化，不是要让文化成为建筑的附庸，文化应该成为建筑的内涵，该‘文化’不是简单对过去传统文化符号和含义的恢复，而是升华”。国源人如是说，对地球来说这块土地是惟一的，我们做的建筑要对得起这块土地，所谓对得起就是要尊重土地、尊重固有的文化。于是国源人先行访问畲族人家，拍摄钟宅生活断面，定格钟宅文化瞬间，出版《钟宅丛书》。

由国源公司主持的《钟宅丛书》由五部分组成：历史与文化、规划与设计、畲民拆迁、建筑营造、钟宅社新生活，每个部分又有图文书、摄影集、刊物、记录片等多种形式，立体的、透视的，再现钟宅畲族六百年的精神与生活风貌。文化先行是文化地产的特征，在厦门还没有出现文化地产运营模式的时候，国源公司的做法不但博得了钟宅畲民的拥戴，也博得了国内外热爱此类文化专家的广泛关注和参与，这也就是此书由来的原因。

改造后的“钟宅社”，将是表现畲族乃至闽南文化的博物馆，也是海峡两岸民生、民俗、民情交流的中心。但“钟宅社”终究是一个前人从未做过的尝试，它的诞生注定要经历磨难，“钟宅社”项目两年来多次被漠视、被否定，但钟宅人和国源人一直在坚持着，坚持着合力改造家园。

2005年末的钟宅故事，是一段尚不可知结果的序曲，也许这场人与土地的来不及开演的大戏早早地就会落下帷幕，但钟宅人为命运搏击的故事不会被历史忘却，它的故事也许会在别的土地上开花结果，毕竟人与土地的故事，是整个时代的主旋律。■

目 录

引子

2005年春节前的北京，大街小巷热闹非凡，几乎家家都在洗衣拆被打扫房子，有点文化的寻摸着贴幅对联凑个曲儿，少点文化的也要在自家的门上贴个福字添些喜气，对于家庭主妇们来说，节日前的忙活最为开心，尤其是可给人们带来吉祥的这个鸡年。而三环路、二环路上，则是一眼望不断溜的车流，以及超市里熙熙攘攘的人流，他们把个偌大的北京挤得满满当当。人群中的我背着包，从市中心搭乘地铁、巴士，逃跑似地到了机场。

“中国之大，哪里还有清净去处！”当我坐在飞机上，当飞机在厦门降落后，当我沿着中山路的小街小巷融进厦门这个美丽岛城的时候，在不经意中发现，已是步入现代社会的厦门竟还保有少量先住民的生态。由一个一个小渔村、由一个一个移民部落发展起来的厦门岛，其最后的部落仍在顽强地挣扎着，这个部落就是钟宅，是位于厦门岛东北部海湾的钟宅畲族村社。

现在的中国大陆有街道叫“思明路”的城市不多，厦门不但有思明路还有思明区，“思明”是思念明朝的意思。说起明朝总有点为明君惋惜，也许是流年不利吧，前有元后有清，大明朝始终是在两个异族的阴影下生存着，并最终以崇祯皇帝自缢煤山来结束明的历史，“君非亡国之君，臣乃亡国之臣”，崇祯皇帝死得好可怜。以恢复正统汉文化为宗旨的大明朝，最终被满族人入主中原，皇帝怪大臣，而大臣怪皇帝，“奄宦之祸，历汉、唐、宋而相寻无已，然未有若明之为烈也”（摘自《明夷待访录》）。史书中记载，明万历皇帝为政四十八年（1573～1620年）间荒唐至极，国库三分之一的收入尽为奢华之用，紧接着万历的天启皇帝更是狂荡下流，在位七年就葬送了大明朝。

正当北京宫廷的腐败孳生蔓延、朝野权党相争不绝的时候，蛮夷的东南沿海仍徘徊在结绳记事阶段。某天，一个消息说闽海边有番薯可养活部落的妇孺子嗣，于是有个钟姓的畲族汉子毅然从大山里走出来，他穿过平原、辗转来到闽海边，当他爬上厦门云顶岩上四处张望后，一眼就看中了岛东北部那象牙形状的海湾……于是厦门有了“钟宅湾”的地名，畲族在厦门有了钟姓的子嗣，钟姓的畲族子嗣在钟宅湾绵延生息六百多年，衍生出许多平静的故事。■

旧事谁晓

:: 远远望过去，岸线右边是古朴的钟宅。

“人生于天地，而本于祖宗，祖宗之德泽与天地同高厚，而后世子孙当知道祖宗之根源，方能发扬光大、卜世久长”。一个七十八岁、脸堂黑红的畲族老人用蹩脚的普通话告诉我厦门钟姓畲族的脉源。这位老人就是钟宅村宫委会的襄伯。

钟氏上世源流于河南许州颍川，宋朝晚期南迁安徽钟离县，后发脉江西，再后发脉福建汀州府。相传明万历十年（1500年）左右，钟姓有勇猛汉子下山至闽海边的钟宅，至今延绵六百余年，共计五房、二十二代子嗣、约四千多人。钟宅宫委会是负责管理钟宅村内五座宫庙的社区组织，而厦门的钟宅畲族村，是厦门岛内惟一的少数民族聚集区，保留着丰厚的人文、历史资源。

从厦门的轮渡码头沿着厦禾路往东走，经莲板拐过金尚路后再往东走，约十五公里就到了钟宅。钟宅在厦门名声很大，但不收门票的钟宅畲族社区着实让外来的我吓了一跳。

钟宅村地形如同个蒲扇平摊在厦门岛东部的海湾旁，扇面的上沿是海堤，海堤外面就是大海，从上沿处由北往南依次坐落着王公宫、钟氏祠堂、妈祖宫和澜海宫；扇柄是村口，村口有巴士站，有巴士通往市内的火车站；两条扇骨则是两条大路，大道沿着村边斜斜地一直伸到海边；扇柄探进扇面有三百多米长，形成了以菜市场与村委会为内核的钟宅中心。从村中心的大榕树往下散去的是村里的小街小巷，如扇子的脊骨支撑着整个村落。由扇骨腾起的扇面里，错落着很多百年以上的古厝（闽语华丽大屋）老屋，间有三两座南洋风格的楼宇，围绕着这些老屋古厝的还有古老的榕树、古老的水井、古老的磨盘，由经年锈迹侵蚀的花岗岩拼成的石板路七拐八拐地沿着慢坡下到海边，把个六百年的古老村落装点得古色古香。

一日我沿着蒲扇的脊骨穿行在老屋古厝间。哇！好气派的7037号。两落五开间的古厝，建筑在花岗岩的石基之上，大门的门楣上有“教以人伦”的题款，青石门轴的雕刻是“顽童牵虎”的故事，刻工刀法顺畅、层次感分明，院子里面还有棵很大的榕树，树的枝蔓遮盖了已经坍塌的楼梯以及窗户，很是沧桑。

一日我走进另一间大厝（6036号）。这是间三开的院落，高门、高窗，尺度都比其他的建筑要大很多，在酱色的横梁上依稀可以看到当年彩绘的图案；倒挂的悬柱是两对莲花和花篮，花篮的六面都雕有生动的人物及故事；梁椽间有木刻的花草狮子坐斗，坐斗起着负上架下的作用，而两边的护厝把个院落围合得很是严整，有着不张不扬、财不外泄的寓意。

在钟宅众多的红砖古厝中，还夹杂着三两幢南洋风格的楼宇，其中6191号、5041号、6057号是最有代表性的。一日我正在6191号徘徊，一位阿婆很热心地帮我打开这家的大门，引我参观这座有近百年历史的古屋。这是座南洋风格的二层建筑，下面是花岗岩的底座，上面为红砖结构，高耸的门柱上面呈半圆型的是露台，露台、院墙、山墙均有保护完好的雕刻，洋楼的窗户比闽南红砖厝的要大很多，有木制的百叶窗，精心雕刻的窗楣，每扇窗户外还有两公分直径的铁柱防盗，显示出当年主人对西方建筑思想的广泛接纳，以及闽南乡绅的豪爽与霸气。走进杂草丛生的大门，打开锈痕斑斑的门锁进入客厅，客厅阔大，旁边各有两个房间及厨房，沿着木质的楼梯转上二楼，中间是主人的卧室，两边是子女的房间，站在露台上就可以远眺晨雾中的钟宅海湾。

七十多岁的阿婆说，户主是个华侨，二十年代从海外寄钱回来修造了这座红砖楼。“当年红砖楼可是钟宅的中心啱，很多女孩坐在自家的天井里就可以望见它，做梦也想着有一天嫁进去……”这座南洋建筑风格的红砖楼，村里族人叫它福寿楼，它是钟宅的标志性建筑，二十年代曾是村里的中心、年轻人的偶像，抗日战争时被日本军队霸占，做了日本宪兵的队部，解放后还曾做过钟宅大队的大队部和村委会。

“您以前到这红砖楼来玩过吗？”

“哎，小的时候只能远远地望着它，闻着里面飘出来的饭菜香，后来这里成了日本司令部连望都不敢了，再后来土地改革把它作为村委会才第一次进来，不过还是怕怕的。”老阿婆的话里透着早年的羡慕与后来的惋惜。

在钟宅保护基本完好的老屋古厝有百余间，这些百年建筑，飞檐、马鞍脊、斗拱，一般都配有砖雕、石雕、木雕的饰品，这些装饰无一不透着先人对生活居所的重视；宽大凉爽的厅堂、高挑的梁柱，正中无一不供奉着祖先的牌位，无一不显示对祖先的感恩戴德；锈红润润的地面，狭窄的居屋，狭窄的小窗，简单的家具，无声地诉说着钟姓畲族的内敛与勤奋……我在被钟宅建筑震撼的同时还被钟宅所迷惑：围绕着这些百年老屋古厝之外的，是六层、七层、八层甚至是九层高的新建高楼。这些高楼有的装修奢华，外墙贴满了刺眼的瓷砖，有的裸露着黑红色的砖体，敞开的开间如同扒开的洞穴。挤在一起的建筑，它们的距离感超乎了你的想像，最近的仅有三十公分阔，是名副其实的握手楼。楼宇之间污水横流、垃圾遍地，间或有猪、狗、猫、鸡、牛、羊跑出来在村里漫步，使你搞不懂这就是美丽的、最适合人类居住的厦门。在这古老与崭新、秩序与混乱、曲折狭窄、上上下下、迷宫般的街巷中，生活着三千多钟氏子嗣，以及两万多的外来过客，它们如同城市的皱褶秘匣般促使好奇的我非要翻看它的全部。

从那一刻起我开始在村里、村外晃荡，逆着如潮水涌出的上班人流，穿行熙熙攘攘的菜市场，或围看玩牌的老人，或加入品茶的团体，或呆看着烧香的妇女，在市场的喧闹中、在混凝土搅拌机的嘈杂中，体味着钟宅人的情感生活。

“钟宅人在超密集的楼宇间生存，他们怎么容得下如此嘈杂的音响？”

“祠堂的意义难道仅是族亲的象征，或许他们正以另外的方式重新堆砌钟宅的轮廓。”看多了我就会自问很多个为什么。

钟宅的街巷一般都不长，基本上在每个拐角处都会长出一座新房子（土地上长房子是失地或即将失地农民的专有词汇），因此村里建筑垃圾与生活垃圾很多，人们也习以为常。在钟宅里游荡，没有标志物参照、没有规则遵守，因此时常会迷失方向，把个不大的村庄误解为很大、很大。如同对待厦门市禁止养

:: 百年历史的古厝栏杆，锈蚀着钟宅的百年沧桑。

鸡鸭的规定一样，钟宅人熟视无睹地甚至还养着猪羊，还有人开着在市区禁止开的摩托车以及没有牌照的拖拉机穿行于市。走在狭窄的巷道里，经常要躲避各种事物，楼上的污水，擦身的路人、迎面而来的车辆，以及各种猜想不到的意外，钟宅的不确定和不安全感让我感到更多的是刺激。

在钟宅的三千多口人中，九成以上是分属五房的后裔子嗣，大家同在一个村落生活了六百多年，通婚又不乱伦真的不可想像。在钟宅目前的两万多外来人口中，又有九成是在工业区打工的外埠年轻人，他们朝走暮归、互不相识，南来北往的各种习惯因此发生碰撞，治安混乱得可想而知。

“悠然、刺激、不可知”，是开弁小杂货店的老板对钟宅的解释。

这位郑大哥的小店就坐落在一条小街的岔口处，一来二回地进来多了，郑大哥也乐得聊天说事。他说，钟宅里面住着有厂房千尺、资产上亿的富豪，钟宅里也有吃了上顿没下顿的游民，但有嫉妒心理的人不多。“有肉没肉的都烂在钟宅这一个锅里了”。郑大哥来自河南颍川，那刚好是钟宅畲族的发祥地。

朋友说：“你知道吗，钟宅是厦门岛最开放的社区诶！”一日，郑大哥信誓旦旦地告诉我这一说法。即而他又不无惋惜地说，尽管有人称它为城市的瘤，但这里的人们嚼着“毒液”滋润地生活着，钟宅宽容所有想进来的人及路过的人。

钟宅裸露着的东西太多，包括思想，但它又是这座城市的秘匣，匣内藏有许许多多的秘密不为外人所察觉，或许人们从来就没有仔细地认识它，甚至不知道它的存在。秘匣藏匿的是六百年前厦门城与钟宅社共生的历史，钟宅畲族是厦门的先住民，是厦门岛最早的部落。■

古老的榕树枝蔓葱茏

:: 六百年的钟宅，六百年的福祉之地。

∷"一木也成林"的古榕树

◎牌位里的断代史

:: 曾几何时，白鹭与钟宅同居。

厦门古称鹭岛，乃缘于先人第一次登上该岛，看见白鹭成群浮游在水面，于是冠之以“鹭岛”之名。上世纪二十年代以前，厦门山野枝头，到处有白鹭栖息，三五成群翔于田头埂上，或七八一伙结队嬉于滩涂浪尖。后来因城市扩大，战争等原因，使得生态发生变化，白鹭也日益减少，濒于绝迹。由于白鹭是厦门的象征，因此厦门的许多地名多含有“鹭”字，许多招牌，店面也都喜欢用“鹭”字命名，就连厦门人也常常取“鹭”为名。

近代以来，厦门大学教授多次在蜂巢山发现长方形薄边石锛，其中一件的耳柄上还可以看到指纹痕迹。经鉴定，此为新石器时代晚期的遗物，距今已有两千多年。由此为证，厦门岛及其周围是我国南方族群祖先——闽越族人活动的地方。闽越族人身材矮小，面短，须发少，鼻形阔，眼圆大，有双重眼睑，且“断发纹呑”，习惯于水上生活。闽越人用勤劳的双手，为开发厦门立下第一功。不过，有文献可考的厦门历史，却是从唐朝开始，南普陀的一副对联为此佐证：经始溯唐朝，与开元而并古，普光被厦岛，对太武以增辉。

厦门有史记载则是宋以后的事，元、明时期为防倭寇侵扰，在此设立防哨；明洪武二十七年（1394年）始在岛上筑城，名为厦门城，意取“大厦之门”意，至清代设厦门厅，再至1933年国民政府设厦门市。

探访钟宅畲族从清明开始，钟宅的清明很有些特别，它不叫“扫墓”，而叫“吃祖墓”。这一“吃”，就吃出了一团热热闹闹，扫去了一地的惨惨凄凄切切。

闽南的清明没有江浙的春雨纷纷。

清早起来，清明的钟宅似乎与往日也没有什么区别，住在菜市场近邻的德叔家仍对着街巷在客厅里吃早饭，大点的孩子早就上学走了，小点的孩子仍在院里打闹着，任凭大人在里屋叫着“该上幼儿园啦”。

哒哒的摩托车蹦跳着走过不平的石板路，骑手歪歪扭扭，却是熟练地转过一道道弯儿。路边的猪圈里传来猪崽们呜呜的叫声，和着有些熏人的臭气，钟宅的一切都充满了再实在不过的生活气息。

钟宅祖厝其实就是“钟氏宗祠”的意思，在闽南方言里，“祖厝”和“宗祠”的发音非常相近，钟宅人说着、念着，日子久了，连自己也分不清读的是哪两个字了。不过，在这里，只要一说起“祖厝”，那大家都知道就是宗祠了——钟宅人安放祖先牌位的地方。

祖厝很新，2001年刚刚翻修过。祖厝的屋顶是闽南庙宇与民居所特有的飞檐造型，两头高高翘起，顶尖直指天际，飞檐往内一点，是两个狮子形状的立体雕刻，甚是气魄。厝内，黑漆的柱，红漆的梁，古朴庄严。整个祖厝坐北朝南，北高南低，呈“回字”结构，北为主屋，南为前厅。北面正中木雕的祖先灵台上，依长幼高低错落地安放着六位祖先的牌位，祖先们在金粉下多有恩泽故里的光芒。

对主持祖厝的襄伯来说，他最不愿意的是述说祖厝的历史，他最愿意的是操办每年清明的“吃祖墓”。穿着一身黑衣褂的襄伯说：“要是早个五六十年，这里的牌位远不止六个，那年‘文化大革命’的一把大火，烧毁了钟氏祠堂的牌位，烧毁了钟氏六百年的族谱，也烧断了钟宅与历史的扯牵，现只留下老人们口中断断续续的因缘，勉强承接着这个村庄六百年的生息。”随着述说，襄伯的眼睛里闪烁着泪花。

我到祖厝时，祭奠的人来得还很少。襄伯说：“临近中午人才会多起来，随意地四处看看吧，祖厝的忌讳很少。”

钟宅祖厝是个两落三开间的红砖大厝，基调是红与黑，高翘着的燕尾状的屋脊有很漂亮的饰物，门口有门神护卫，门上的对联是：先代贻谋由德泽，后人继述在书香。进来祖厝即是围合的庭院，庭院下凹有三十公分的天井，可承接屋脊的雨露。拾阶而上就是永思堂，堂有六根黑漆的大柱，柱上对联为：乔木发千枝岂非一本，长江令万派总是同源。

畲族是个山地民族，古称蛮獠、峒蛮，自称山哈，“哈”乃客人之意，即外来之人。畲字的象形意义有火种之意，表明畲族在农耕方面仍处于刀耕火种的年代。由于生产水平落后，畲族长期过着艰难的生活。史书载：明清两代畲族大量出现在闽浙山区，各地畲族都以广东潮州凤凰山为其祖先

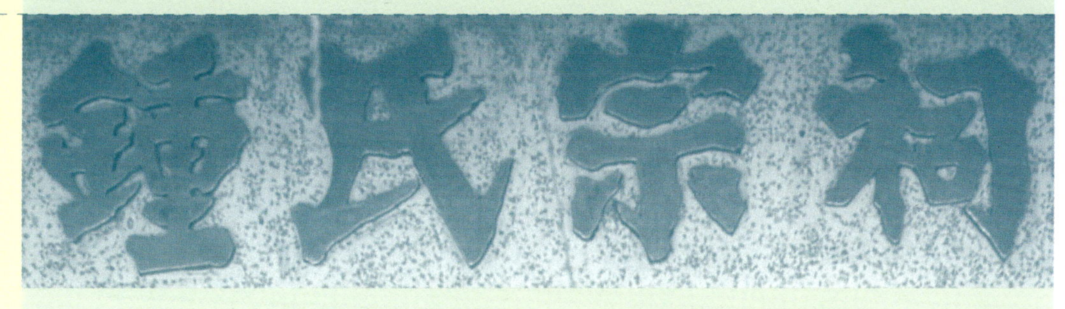

的发祥地。以“山洞为房、结绳为裳”的畲族，生性骠勇、强悍，通用汉语，历史上多次与汉族联合起来抗击压迫，第二次国内战争期间及解放战争期间，共产党的许多根据地都建立在闽浙的畲族地区，畲族的忠信勇敢也曾获得众多中国将领的好评。

据《惠安钟厝源流世系图》载：

吾祖乃汤王微子之后裔，微子周武王封于宋，公元前二百八十五年间。

钟氏源流，河南许州，发脉江南江西、福建汀州府，钟氏一族，颍川郡之地，乃钟氏一族之发源地。

繁衍至龙海县海澄大始祖道器公，生六子：仙秀、仁峰、燕贻、福寿、隐逸、化成。

第六子化成——耿坊公，生四子：长永玉（此房原住海澄开基）、次得玉（此房往北溪金巷社开基松州、州尾、后房、黄道坑）、三泮儒（此房往厦门钟宅）后，子孙迁清溪盐坛（后改为安溪善坛）。善坛村第三房分支惠安海头乡——钟厝。四节玉（此房往诏安开基）……

在钟氏畲族的族谱中有“人无祖宗身从何生”的说法，因此族谱中规定族人要“宝藏谱牒”，然而“文化大革命”之祸始料未及，等钟宅人再回到祖厝，拾拾掇掇，也只能忆起上面的这些了。

现在祖厝里，排在最中间的是钟宅的老祖先——泮儒。老祖先在钟宅传下五子——钟维清、钟维明、钟

维节、钟维月、钟维亮，称做“五房”，以右为长，位列老祖先之下。今天的钟宅就是从这五房发展而来的，每一房的后代繁衍又不尽相同，其中以三房为最，至今传下308户1246人，四房为次，有279户1038人，余下长房、二房、五房各91户、70户和40户，共计3702人（截至2005年6月30日）。

族谱中另有一细载：“迨公元一四二三年，颜德公由钟宅入清溪定居盐坛（后改名为安溪善坛），迄今五百六十四年。”知情的阿伯说：大概在五百多年前，钟宅有一户人家的小儿子好吃懒做，母亲百般劝说仍勿从，无奈之下，狠心将其驱出家门。从此，小儿子背负一尊佛像，流浪异乡。渐渐地，感受到生存之苦，亦开始摆脱先前之恶习。数年后，行至安溪一处，背上的佛像突然坠地，小儿子顿悟：或者神灵有意留他于此？于是，他将佛像就地摆正，以圣杯为意，得到佛祖三次首肯。从此，在这里开山垦地、娶妻生子。这就是安溪善坛钟氏畲族村落的前身，如今已有五千之众，算起来，乃是钟宅之分支。

与别地家族相似，钟氏祖先尚在时，立下四名二十字以作辈分之分，一字代表一个辈分，见名即知

晓长幼。这二十字为“旭永兴原宗，弦注化逞开，积善常佑庆，文武奕英才”。如今，钟宅所传已至二十三代，这二十个字也早已不够用了。于是，钟氏的后裔们又聚到了一起，重新再立了二十个字：“忠孝智仁昌，诗书德义扬。俊贤绵世泽，龙凤腾翔长。”可惜，今天的钟宅人对字辈已不如往日重视，生子取名字时，为图好听和多样，便不再循着字辈，渐渐地，知道这后来二十个字的人也越来越少了。

看我读族谱有些吃力，襄伯忙过来解释：“族谱乃记祖宗之功德，百世之原委，世人以金玉为宝，畲族是以族谱为宝的，无奈国家有浩劫唉。”惋惜中透着对族谱遗失的无奈。

“你还记得族谱中有什么重要内容吗？”

“宝藏谱牒、远族当亲、祭扫坟茔、富而无骄、教子当严、贫无无谄、嫁娶当慎、勤俭当为、族谊当敦、家法当守、耕读当务、家规当法”。襄伯一口气背出四十八个字的十二条祖训来，那神采显得格外的飘逸。■

:: 坐落在钟宅湾畔的钟氏祠堂，钟宅人习称为——祖厝。

钟宅 五房 二十二代 七百多户 三千八百多人

◎ 祖厝前的似水流年

祖厝前有一片数十坪的空地，空地上错落地立着三对花岗石桩，每个桩子上各有一个直径十厘米左右的小洞。听老人们讲，这三对石桩打从有祖厝开始就有了，人们管它们叫“进士桩”。据说只有中了进士的人才能在祖厝的广场上立桩。可惜问遍了村里的老人，没有人能说出这些进士桩伫立的确切年代，对立桩的人更是一无所知。三对“进士桩”的外观几乎没有什么差别，也没有任何可以考证的文字石刻。有说先前似乎还有个进士匾，遗憾的是，“文化大革命”过后也不知去向了。

此刻，我摸着桩子上斑驳的石纹，遥想当年它的主人立下这一对“荣耀”时的热闹与激动的场面。闽南人对家的眷念有着特殊的执着，尤其对光宗耀祖的信念更是虔诚得近乎偏执，不论离家多远，只要有飞黄腾达、功成名就的一天，即便跋山涉水，也要回到故乡，或盖一幢新楼，或立一座新碑，以示完成祖宗遗愿。从此，哪怕浪迹天涯，亦了无遗憾。

与祖厝大门遥遥相对的广场一侧，立着一堵与祖厝等宽的矮墙。墙只有一人来高，既不似围墙的一节，也不像挡风的屏障。

“祠堂前面一般是不可以有围墙遮挡的呀？”我正纳闷着，襄伯提着一只黑漆的条凳走出来，他告诉我关于这堵墙的有趣故事。

在钟宅，祖厝和祖坟前是不能建房子的，人们只能围着祖厝和祖坟的三面筑屋，正对着祖厝和祖坟的一面必须毫无遮拦，以免冲撞祖宗灵气。也不知道是什么年代起，祖厝正前方的五通村，因钟宅祖先的灵气太盛，搞得鸡不叫狗不吠。为此，五通人便买通了一个道士，让他到钟宅向族人谎称钟氏祖厝前要立起一道墙，这样才能后有所依前有所守。钟宅人信了道士的话，就立起了这堵矮墙。说来也怪，自矮墙立起，五通村又恢复了鸡鸣狗吠。

不及人高的矮墙外面是个斜坡，从斜坡下去就是钟宅湾了。早年站在祖厝的台阶上就可以看到海、可以闻到习习海风裹着的那湿咸的味道，而如今站在祖厝前的斜坡上，海似乎远了，依稀可以看到的只有刚建成不久的钟宅湾大桥，那悬浮于海湾之上的美丽圆弧更多地预示着都市气息的渐渐逼近。

去过江南水乡的人都知道，江浙一带的烟霞小镇常常可见穿镇而过的狭长河道，精雕细刻的石桥串联起两岸傍河而筑的民居，沿河浣洗的女人和飘着炊烟的乌篷船，映着青灰的天，像用水墨点染出来的画。同样的邻水，比之起来，钟宅少了一份古朴，多了一点磅礴，少了些许温润，多了些许棱角，那粗犷咸湿海风吹袭下的畲族部落，为钟宅人张罗出了六百年的潮起潮落。■

祖厝前的进士桩，记载着钟宅人的荣耀。

◎ 香火中的家族盛宴

临近正午时分，到祖厝祭拜祖宗的人已经很多了。祖厝正中一流排着六位祖先的排位，依次是：钟泮儒、钟维清、钟维明、钟维节、钟维月、钟维亮。祖先牌位的右侧，是土地公的牌位。敬土为先，这是闽南的风俗。牌位前各有一张八仙桌，做供奉时摆放牲礼之用。主屋牌位两侧的墙上，各有“忠”、“孝”、“廉”、“节”四个大字，都有两米多高。左边回廊的墙上，刻着捐资修祠的钟宅人的名号和款项；右边的回廊里则摆满了红漆的长凳和方桌——这一天，各房的男丁们要聚到一起，上香祭拜过后，大家要一起吃饭，旺盛的香火预示着来年的兴旺，这就是钟宅的“吃祖墓”。

来祭奠的人没有时间约定，因此整个上午人流不断。来的男丁要上香、摆放供品，供品一般要有猪、鱼、鸡、鸭、肉和水果等等，供品摆放整齐后，男丁们就去帮助打扫祠堂，或与相熟的族亲泡茶聊天。祖厝外面的广场则成了临时的厨房，钟宅的媳妇们在洗菜、切肉，打着下手，男丁们则在掌勺，烹制中午的盛宴。

襄伯说，今天过来祖厝祭拜的是上房和五房的子孙，因为这两房的祖先坟墓找不到了，所以他们每年就到祖厝里来，其他三房各有自己的坟地，所以子孙们清明扫墓就到坟上去。也因着如此，五房的祭拜仪式都有所不同。

襄伯说，小时候常听老人讲，真正老祖宗的坟是在今天厦门的云顶岩上。至于老祖宗的坟为何在云顶岩上，钟宅人有两种说法：一是钟宅现在的村庄原来都是姓王的人家，年轻的钟姓老祖宗只是王姓村庄请来的教书先生，老祖宗在这里教了许多年，王姓人为了答谢他，给了他一块地，没想到，钟氏人从此繁衍生息，王姓却逐渐衰落，到后来这儿就是钟氏子孙的天下了。老祖宗死后，钟氏子孙请人为他占卜风水，一路找去，就找到了云顶岩；还有另一种说法：老祖宗当年流浪到厦门，站在云顶岩上环顾厦门岛，发现钟宅如今所在的这块地形像个莲花座，风水极佳，于是就来了这里，成家立业，从此，钟氏真的一路兴旺。

两种说法似乎各有其道理，然而传说毕竟只是传说，六百年前的历史已是无从考证的了。不过，记忆原本就是由无数的碎片叠加而成的，即便是重叠，即便是矛盾，又有何关系呢？对钟宅人来说，探寻祖先的来历不过是找一个生命源头的说法，真正活在他们内心的，是世世代代同生同息的信仰，就像清明的这一天，不论多远，都要回来，在祖宗灵前点上一炷香一样，为的也只是心里那份永远割舍不去的家的信念。

正说着，一个媳妇挑着两箩筐东西走进了祖厝，前面的箩筐盛着猪头，后面的箩筐装的是打着红印的冥纸。只见这个媳妇放下箩筐马上帮着摆吃饭的桌椅，忙上忙下的她，汗水顺着发梢浸出来。襄伯说，钟宅祭拜时有长幼之分，得要上房主事的人家先行祭奠过，五房的才能祭拜，这个媳妇是五房的，所以现在只能先等着。

没过多久，上房的媳妇也来了。同样满满的两箩筐，有猪头、鱼、鸡、肉、酒、糕点和水果等等，摆上时条案已堆得满满的了。祭拜供品的摆放是有讲究的，鸡头、鱼尾要对着祖先，以示尊敬；祭拜时要先拜土地公，因为拜过之后，土地公才会带祖宗从阴间出来，最后烧纸钱时则要先烧给祖先，再烧给土地公，这样土地公才会等着祖先一同回去。临近中午，前来祭拜的已经是人挤人了，祖厝里烟雾升腾，熏得外来的我眼泪直往外流淌，朦朦胧胧的烟雾似乎为祖厝发生着的一切罩上了一层神圣的烟霞。

祖厝前的广场上，两房的子孙正在为中午的“大锅饭”忙活着。煤气灶的火苗哧哧地吐着火舌，主勺的子孙翻动着大铲，不一会儿一大锅的粉丝就出锅了，不一会儿一大锅的炸海蛎也出锅了；而同时，打下手的媳妇们又为他在旁边准备好了下道菜的十四份的作料……海蛎煎、清蒸鱼、蒜茸扇贝、白灼虾、清炖小鸡，香气弥漫了整个钟宅。

月娥，我所认识的一个俊俏媳妇告诉我，以前是各家的子孙一起来做饭，每个男丁出一份钱，现在钟宅人经济好了，有人会出很多钱，有时也请专门的师傅来做这流水席，以前的菜以豆腐为主，现在则是海鲜为主。

“男丁来祠堂吃饭，妇女干什么？”我好奇地问。

“妇女在家呀，自己做点简单的吃，当然男丁也会把一些菜带回来给家人吃。”月娥补充道。

“忘了，带回来的不是还有一条肉呐！”不远处一个男丁调皮的加上一句。

月娥的脸有些涨红，解释说：“一般这年生了男丁的人家要多出一份钱，而他也可以多拿一条肉回来，这条肉象征着男人多出的那部分。”谈话间，几家媳妇笑成一团，她们或蹲着、或坐在小凳上，谈笑着……在以前，清明来祭拜的只能是男丁，上桌吃饭的也只能是男丁。女人们零星地过来几个，顶多是帮忙洗菜、做饭，打打下手，祭拜和吃饭是没有她们的份儿的。如今，社会进步了，男女平等了，女人们也能来点香、祭拜，也能上桌吃饭了。

“祖厝的门槛以前女人真的这么难迈进来！”我自语着走进这大食堂般的钟氏祠堂。

“开饭了，开饭了，祖厝开饭了”随着一声吆喝，整个祠堂杯盏交错，大家为久违的美食大吃特吃，大家为久违的碰面欢声笑语。男丁们举杯畅饮，女人们品着菜色，孩子们狼吞虎咽。席间，晚到的族人在祖宗的牌位前上香，卜算……两房加起来一共是二十五张酒席，上房十四张，五房十一张，分别在永思堂两侧。各房的子孙们围坐在自家的酒席上，偌大的祖厝，容下了三四百号人，年长的已是白发苍苍的九十高龄，年幼的还是喜欢滚爬的顽童，更有媳妇抱着襁褓里的丁仔也过来凑热闹。清明“吃祖墓”是钟宅的“热闹节日”，所有关于钟宅历史的解释都在这一场家族的盛宴里寻找到了和谐的理由。 >>

∷ 清明，每家每户的主妇挑来的吃食不同，但供奉给神灵的心境相同。

:: 点上一炷香，呈上一份供品，表达一番心意。

>>“吃祖墓”——坟前的追思

“听说过‘吃祖墓’吗？……没有吧？”

“嗯。我也没有。”

金花说：“嫁到钟宅快十年了，总觉得这清明的祭奠很神圣，怕犯大忌，一直没敢去。”相信很多人对此说法都会太过好奇！“吃祖墓——这么有意思的事怎能错过？”没等金花说完，我便跟着她朝三房的祖墓奔去。

路上，金花一个劲儿地絮叨着，“到了那里，一定不要乱跑乱动，因为我也是第一次去，做错了什么会被长辈们骂的。”

我应允着，可满脑子却在想着那奇怪的问题——祖墓怎么能吃呢？

整个闽南地区，对清明是很重视的。外出的人都要尽可能地赶回来祭拜，旅居海外的人也都要汇寄家费回来，在家中备办丰盛的五味筵碗孝敬厅中祖先的神位、厝主和地基主等。不知道钟宅的“吃祖墓”是不是指这个……

等我回过神来，三房的祖墓已经到了。令我惊讶的是，钟宅人的祖墓竟然不在山上，而在村里楼宇间的空地上。金花说，这儿原来是很荒凉的，可这几年房子越建越多，祖宗的地方也就越来越小了。不过这是五个“房”里修得最好的墓。长房和五房的墓找都找不到了，所以扫墓就到祖厝里去；二房的祖墓比较特殊，原来是墓的那块地方现在盖了房子；四房的祖墓离三房的不远，是钟宅五个房里修得最新的墓地。三房的祖墓是典型的闽南墓室结构。墓地很大，前前后后该有百来

平方。左右两侧各蹲着一只活灵活现的守墓狮雕。墓地中心是隆起如龟甲的墓冢，又称墓龟，前面是墓庭与墓埕。外围顺坡筑着一道矮墙，边缘留设着一弯小水沟，做排水之用。

整座祖墓处在楼房的包围中，惟独墓的正前方无遮无拦。金花说，在钟宅，祖上流下来的习俗，祖坟的正前方是不许盖房子的。所以，在如今钟宅争先恐后见缝插针盖楼的时候，祖墓前才能难得地留下这一片空地。

我们到时，祖墓边已经聚集了不少人。男丁们抽着烟，三三两两，或立或蹲。一个老阿伯蹲在正中的墓碑前，拿着笔描着什么。我走上前一看，老人正在一笔一画地给墓碑上的旧字描红，面前的小盏里盛着朱红的汁液。他回头看了我一眼，像是自言自语又像在对我解释："每年都要重描一遍的。风吹日晒，褪色太快了。"

墓碑上刻着"明皇祖妣钟门孔氏儒人墓"的楷体字，两边是两幅凤凰祥云图，前面的供品桌前则刻着龙头鱼身的麒麟。我纳闷地转头问金花："这里葬的是女祖先？"

金花点点头说："好像是吧。因为男祖先的墓找不到了，所以就拜女祖先喽。"她的解释甚是可爱，她

说："反正祖宗夫妻在阴间也是在一起的，拜的时候也一起受礼就是了。"这种"怪论"估计也只有这些能干的钟宅媳妇才想得出来。

墓的左边祀着一碑，刻"福德"二字，据说这是土地公的别名之一。闽南一带皆以土地公为守墓之神，所以连祖厝内也常供奉着土地公。民间相信，人死后是由土地公带路去阴府的，土地公是阴神，城煌爷是他的直属上司，墓旁或宗祠内祀有土地公，以做守墓或带路之神。

忽然间，一阵女人们的笑声传来。我这才发现，祖墓后面的空地上搭建着好几座灶台，各种各样的食物零乱地堆放着，大脸盆、大桶、大锅，还有各种大大小小的碗筷一箩箩地排开。几个女人家正围着灶台七手八脚地忙活着。有的拉了根水管在洗菜、杀鱼，有的则靠着灶沿切肉、剁骨头，灶台上的锅已经架好，火苗"哧哧"地冒着，灶台上一阵水雾蒸腾。一个媳妇过来，掀起锅盖，转头对着旁边喊："水开啦。你那鱼杀好了没有？""差不多啦。你把那筐给我递过来。"

……

媳妇们的喊笑声打破了男丁们的沉寂，那慢慢溢出的菜香使这个安静的清明早晨声色俱全。 >>

>> 男人的祭祀

:: 钟宅最古老的墓碑，记录着钟姓畲族六百年的奋斗史。

不一会儿，男丁们来的渐渐多了起来。大家像是都分工好了，来了也不多说话，彼此仅点个头，问声“来了”，就开始分头忙活。有些人扛着锄头、带着铁锹和扫帚，先用锄头把墓地周围的杂草锄净，清理墓埕。每个动作都小心翼翼，似乎生怕用力过猛会破坏了祖宗的“房子”。

还有几个男丁挑着一担担的箩筐过来，打开盖，是满满的牲礼和供品。几个长辈围上前，帮忙把东西一样样从筐里端出来，再一样一样地在坟前的供台上摆开——一块猪肉、一个大发糕、一只鸡、一条鱼、十二个红粿、十二个红面桃、一条牡丹烟，一瓶高粱酒。供品的摆放也似乎颇具门道：鸡和肉并排摆着，两边放鱼和鱿鱼干做牲礼脚，鸡头和鱼尾朝里，意寓做事有头有尾；放着的三个酒杯各斟满酒；还有冥钱，分寿金和插金两种，一捆有一千张，数量不一。

清完坟，摆好供品，祭祀仪式才正式开始。长辈先点燃两支白烛，立在碑前。他们认为，阴阳两界的时差是相反的，点了蜡烛，祖先才能看见来时和回去的路。接着，把香点燃，再令祭拜的男丁每人也各燃三炷香。金花告诉我，按常理，只有拜神时才能点三炷香，而拜家族祖先是只能点两炷的。也许，在钟宅人眼里，能传下六百年子嗣的祖先也该是成仙了的吧，所以他们选择了以对待神仙的礼遇来伺奉祖先。看来，光这上香就有不少的学问。

长辈们说，土地公是守墓之神，上香时得先给土地公上，得到了土地公的允许，祖先才能被牵引出来；祭拜时，是不分长幼前后的，不过男丁们要先拜。男丁们拜时，墓地里一片安静，一群人站在一起，正对着墓碑，手心对着手心紧贴，执着香，闭着眼，若有所思，连灶台边的女人们也噤住了声。不过，男丁们终究是比较随意，拜完了，鞠了三个躬，就把香插到香炉里，然后就“哗”地散开，各自找个地儿一边站着去了。

接着才是女人们过来祭拜。金花说：“早些年，因为觉得女人晦气，钟宅的清明祭祀是只许男丁参加，女人是不能来的。不过这些年好多了，风气开化，再加上男丁们越来越多，过来吃饭的人也多了，只好叫女人们过来帮忙。慢慢地，原来那些规矩也就松了。”

女人进不了祠堂的故事，鲁迅笔下的“祥林嫂”就是一个。那个在鲁四老爷的斥呵中萎缩下去的生命，就因为她是女人，就因为她死过丈夫和儿子，她便永远失去了祭祀的权力……多少年前，在钟宅，这儿的女人们是不是也是如此？因为是女人，她们不能入族谱，不能进祖厝，等到她们的身份被认可的时候，也是她们成为“祖先”的时候了。

就像此时长眠在这方墓穴之下的那个灵魂，当她活着的时候，或许从来就没有想过，会有这么一天，会有这样一群人对着自己三跪九叩。可即便如此，又能证明什么呢？此刻的她也不过是自己丈夫的替身而已，墓碑上只有一个“钟门孔氏”，她连自己是谁都没有权利留下。

此时，几个女人家放下手里的活，擦干手，有点羞涩地穿过男人群，围拢过来，弯腰，鞠躬，跪拜，嘴里念念有词。女人显然比男人认真，也细致，那匍匐在地的执着，唇翕蠕动时的严肃，都让人感到她们对这一场祭拜的在乎。那一瞬间我很想知道，此刻，在女祖先面前，她们求的是什么——是为自己？还是为丈夫、为儿子、为女儿？抑或是为整个家族？——或许，这场家族的祭祀是母系社会沉淀下来的源髓。

拜完了祖先，就该为祖先修房子了。人们总是喜欢用现世的生活去构筑那未知的世界。钟宅人说，人间的房子旧了就要自己想办法翻修，祖先的房子旧了却只有靠子孙们来修，不然就是不肖子孙。所以每年清明子孙们一定要帮祖先修好房子，祖先才不会怪罪。

而所谓的“修房子”，就是在墓冢上“压纸”，闽南一带又叫“挂纸”。如果说，坟墓是祖先死后居住的场所，那么挂纸就象征子孙一年一度为他们的居处添新瓦。

“修房子”自然也是男丁们才能做的事。眼见着四五个男丁将薄薄的彩色油光纸裁成宽约四寸、长约六寸的纸页，然后用波纹状的钢錾在中间錾出三四行波纹状的曲线，这些“墓纸 ”呈长方形，颜色有黄、白、绿、红、蓝五种颜色，如此两三张一叠；然后用小石块分别压在墓头、墓碑及墓旁的“后土”（土地神）上。

小孩子们最喜欢“压纸”了，几个小男孩在男丁群里蹿来蹿去，从旁边的地里捡来一大堆的小石子，

∷ 叩拜先祖，后人感恩先人给予的一切。

另外几个孩子则争着去抢叠好的墓纸。

听见有男丁嗔斥着："去去去，小孩子家一边玩去。"

小男孩们可不管这些，依旧在那里左蹦右跳。

"让他们压好了。"人群中有长辈说，"小孩子轻，这样才不会压坏了祖先的屋顶。"

人群中一阵哄笑。闽南的习俗是只要将墓纸沿墓龟四周间隔压住就行，可钟宅有些不同，他们要把整个墓龟全部压满。

男孩们得到了老人指示，在众人的注目下显得特别的兴奋和得意，比赛看谁压得多。一个小女孩也兴奋得想跑过去，却被母亲一把拉住。小女孩一脸委屈地看着母亲。

"你不能去的。你不是男孩。"

"为什么？"

母亲沉默了半天，似乎不知道该如何向女儿解释，好久，说："长大了就知道了。"

于是，她们和许多女人一样，默默地站着，看着男孩子们在墓龟上跳来跳去。很快地，一张张五色斑斓的冥钱密密地盖住了整个墓龟，远远看去宛如

∷ 扫墓、送冥钱，是钟宅人清明的必修。

野地里盛开的花，使这片原本灰暗、荒凉的坟山，凸显红绿纷披。

这时，墓地里开始热闹起来。男丁们互相分着烟，寒暄着彼此的近况；女人家则又回到灶台边，哧哧的油炸声和哄哄的煤气炉响，都暗示着午餐时间的临近。这时候，有一些晚到的族人陆陆续续地过来，点香、行礼，似乎一切都已十分熟悉，简单地行完礼后，或独自蹲到墓边，或者站到旁边跟人说话。只有一个四十开外、有点腆着肚子的男丁有些例外。只见他从口袋里摸出两个硬币，双手合掌，闭上眼，对着墓碑若有所思。好半天，他略弯下腰，松开手，硬币掉下了。

“他在求什么吗？”我不解地问金花。

金花告诉我，他这是把硬币当圣杯使呢。她曾听她公公说过，一般人清明祭拜就是求个平安，只有要干某件大事的人才会在清明这天来这里求问，希望能在祖先的坟前得到一个明确的指示。至于他所求的事是好亦或坏，就不得而知了。

果然，他掷完硬币回过身，有点不好意思地向旁边的人笑笑，然后便若无其事地加入大家的话题。>>

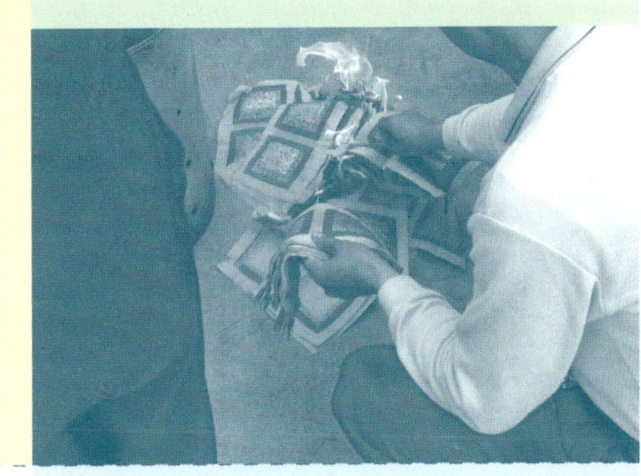

天色渐渐亮堂，似乎临近中午了。不知是谁说了一声："烧纸吧。"大伙又都"嘤嘤嗡嗡"地从四周聚拢到墓碑前，每人拿着一叠冥钱在手里，站着围成一个圆圈。有人在中央点起了火，人们各自把冥钱一张张往火里扔。据说，这样齐整地烧，一来钱的数目比较清楚；二来祖先带回去时也比较方便。大伙像是排好了节奏，你一张我一张，中间的火苗燃得越来越旺，升起的烟雾缭绕在整个墓地，一切都变得有点恍惚起来。

突然，人群中有人大叫一声："那不是志仔么？"顺着他手指的方向望去，有个白发苍苍的老先生正由两个人搀扶着，颤颤巍巍地向祖墓走来。一时，很多人迎上去。近了，才发现老先生的腿脚有些颤抖，气色也不太好。一位叔公牵着他的手，不停地说："真的是志仔啊！真的是你啊！"那位老先生也只是一个劲儿地点头，嘴里却念叨着："总算赶上了。总算赶上了。"

"这人是谁？"金花跑到前边向一位长辈打听。

"这是志仔啊，咱们钟宅早年的大学生呀，后来就一直住在上海，好多年没见他了。"

一个阿伯为志仔点了香，老先生有些吃力地走到墓碑前，握着香的手一直在颤抖。他想弯腰，对着搀他的人说着什么，可是还是有些吃力，只好放弃了。但他还是固执地亲自把香插到香炉里，然后，回过身，对烧银纸的族人们说："我跟你们一起来烧吧。"有人从别处搬来了把凳子，老先生坐下，接过旁边的人递过来的冥纸。一边烧一边说着话。

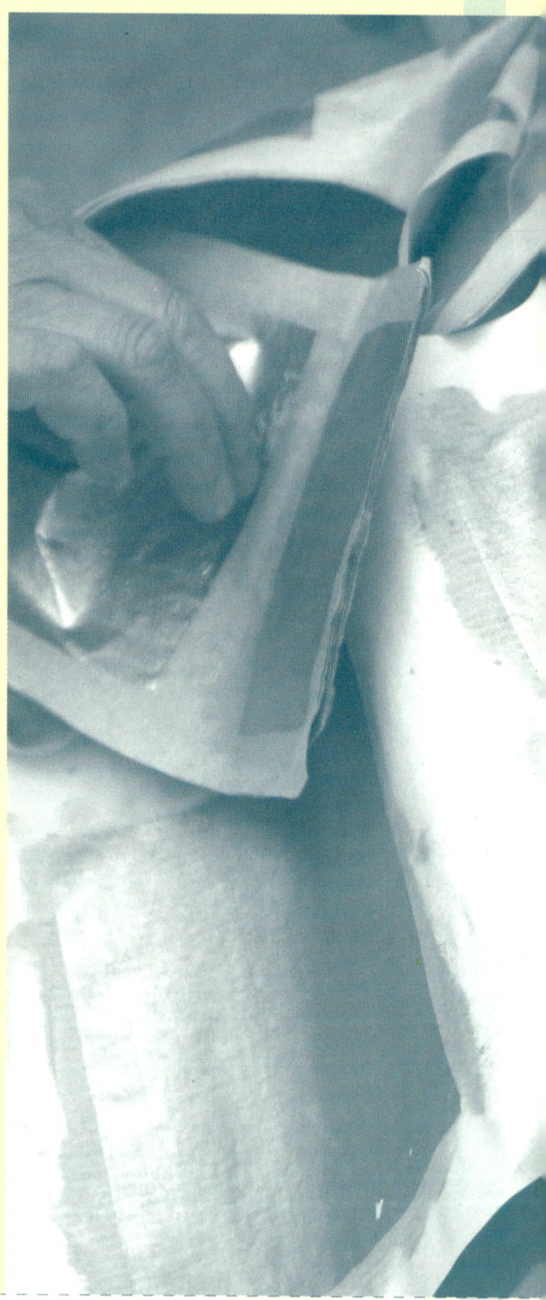

:: 每个钟宅女人都会用手灵巧地将冥钱旋开，随着一张张冥钱轻盈地扑进熊熊燃着的火中，轻烟袅袅，捎上了后人的祝愿。

∷ 敬上一炷香，佛祖保佑你平安。

我们这才知道，志仔已经十八年没回钟宅了。志仔说："一直就想着回来，回来上炷香，再看看钟宅……本来前年就要回来的，可是腿脚不好。今年稍稍好些了，这不就让儿子开车送我回来了。""十八年了，咱们钟宅的变化可真大呀。"他用手笔画着，"以前这南边、还有这东北角，哪有这么多房子呀，全是种菜的旱地，现在真是不一样了，热闹多啦。"

有个同样满头白发的老人走过来，志仔一眼就认出了他，握着他的手直说："昶哥，咱们又见面了，又见面了。还记得吧，咱们年轻时清明也拜拜的，喏，也是在那边，临时搭了个灶台，就蹲在那边上吃饭。那时哪有这么多人呀。咱们钟宅好哇，人丁越来越旺啦。"老先生像打开了记忆的匣子，一直说个不停，脸上泛着一股喜气和兴奋，一串串的惊讶和感叹仿佛要把人拉回到那个遥远的过去，也使这里的空气一下变得轻松和热闹。

忽然间，老先生若有所思地说："老了，再远，也要回来一趟，谁知道明年还看不看得到呢……"

"哪会呢。你身子好着哩。"大家听出了老先生的伤感，纷纷安慰他。族人们围在一块，你一句我一句，更显得热气腾腾。

风吹来，冥纸灰扬起，细细碎碎地在墓地四周漫天飞舞。身旁的女人说：我们现在烧的是给祖先的钱，烧完了停几分钟，再烧给土地公。这样，土地公才不会卷了钱，扔下我们的祖先自己先回去。而且，烧冥钱的时候，不能搅动，要让冥钱慢慢地烧，要不会把冥钱弄破，钱破了祖先就用不了了。

这时，金花在我旁边小声地说："上次听人说，有过世的人托梦，让阳间的亲人以后不要再烧那种几十万甚至上百万的大额的冥钱了，因为冥间的银行找不开那么大的票子，所以钱是多，可是花不出去呀。"

"呵，原来阴间钱也有花不出去的时候呀。"我自语着，有些想笑出声来。

眼见着族人们手里的冥钱渐渐地少了。老人叫着："把装冥钱的袋子一起烧了，不然祖先怎么找得到袋子装钱呀！"

火苗一点点地熄了，刚才还是一袋袋的冥钱此时都化了满地飞扬的纸灰。随着一阵"噼里啪啦"的鞭炮巨响，这一场家族的祭典看似终结了。男丁们开始把碑前的供品一样样再放回箩筐，嘴馋的孩子一窝蜂地挤到墓碑前，挑着自己喜欢的水果和糕点，就地狼吞虎咽地吃起来。负责祖墓管理的老伯也拿起了帚把，开始一点一点地清理那落了一地的纸灰和鞭炮屑。 >>

男丁们开始往回走了。

“刚才不是说就在这墓地里吃祖墓么？” 想着吃祖墓的我急了，赶忙问金花，金花也是一脸的迷惑。

我们拦住正在往回走的一个阿伯。阿伯说：“现在人多了啦，墓地里哪摆得下那么多桌子，都改在就近的人家里头。不过菜倒还是从这里做好了送过去，反正很近，就在边上。”

一知半解的我们只好跟着阿伯走。原来，“吃祖墓”的地方就在祖墓边上的人家里。这家的大厅、前厅、天井已经密密地摆好了十几张大桌子。大家熙熙攘攘地进来，一会儿就把整间屋子填满了。

阿伯说：“厝是这家的厝，灶却是祖先的灶，同一房里的人轮流负责做饭，每次几户一起分担，轮到的人家就负责准备祭祀的供品和今天聚餐的所有东西。”

“那么钱谁出呢？” 我问。

阿伯说：“钱嘛，由男丁平均分摊，有的房头人口多一丁收个十块，房头少的有的就收五十块，收多收少没个准，主要是根据排场来定。不过，新婚和生男丁的家庭一般要多出钱，多少嘛，自己看着给，他

们的名字也会被写在红榜上贴在祖厝的墙壁上。当然啦，拜完了他们可以分到一些肉，我们这里的人管它叫‘割阴茎肉’。”

“啊？‘割阴茎肉’？”怎么听起来有点……

可能是见我一脸的迷茫，阿伯笑着补充道：“呵，就是希望添丁的意思啦。”

正聊着，第一道菜上来了。一个大盆和一个小盆，大盆里装着一些炒过了的包菜和红萝卜丝，夹杂着海蛎、碎肉什么的，小盆里则是平铺着一叠的薄面饼皮。金花说：“这就是钟宅清明时一定要吃的‘春卷’。”

“春卷？”

“不知道吧？”旁边的阿伯很热心地接过话，“知道‘春卷’的来历么？嘿，不知道吧。韩信知道么？嗯。‘春卷’是韩信的老婆发明的。那时啊，韩信每天都忙着国事，没法好好吃饭，他的老婆看到丈夫连吃饭的时间都没有，很心疼，就用熟面皮包了菜，让丈夫能一边处理国事，一边吃东西，这就是最早的春卷啦。后来呀，到了太平天国时期，我们闽南这儿也是兵荒马乱的，咱百姓没法准备

::家族盛宴之酣畅

供品祭拜祖先，便用春卷来代五牲祭祀。虽然现在不用春卷祭祀了，可是清明吃春卷却成了我们钟宅的习惯。”

金花说：“听说台湾人清明也吃春卷呢。是很早以前从我们这里渡海去台湾的人带过去的。”金花边补充着，边摊开薄饼，抹上酱，舀一勺菜肴放在薄饼中间，再加入一点海苔末和花生末，然后把左右两边往里一折，再一卷，一个“春卷”就塞到我手里了。

我咬了一口，还真是别有味道，青菜拌着海蛎、肉丝，还有嚼起来脆脆的海苔末，满嘴的香气几乎要溢出来了。

我问金花：“这个你会做么？”

金花一脸骄傲地说：“当然会啦。我是钟宅媳妇呀！不过你别小看这盆里的菜呀，味道多着呢。”她用筷子点着她小碗里的菜，一个个说：“瞧，这个是青蒜、这是芹菜，还有芫荽、笋丝、红萝卜，再加上豆干、肉丝、鱿鱼、蛋皮。这些都要切成丝，然后洒上花生粉、糖粉。”

“天哪？！这么复杂？难怪这么好吃！”

“所以喽，要吃的话就到我们钟宅好了，只有我们钟宅媳妇才能做出咱钟宅味道的春卷啦。”金花把一卷塞到我手里，“快吃吧，春卷包好后要马上吃掉，不然水分渗出来，面皮就破啦。”

“嗯。”我狼吞虎咽地一卷下去，感觉钟宅的味道正慢慢地渗进体内。

菜一道接一道地上来，男人、女人、老人、小孩把屋子塞得满满当当。一桌席上常常是挤着十几个人，实在坐不下的就端了碗在一边站着，上来一道菜，便伸长了筷子和脖子，夹一块到自己碗里，一会儿，桌上的盘子便一个个见了底。老人们不停地往自己孙子的碗里夹菜，生怕一不小心饿着了全家的“小祖宗”，小孙子却在长椅上上蹿下跳，几个孩子还在桌子的夹缝里钻来钻去，更还有躲到桌子底下躲猫猫的，被母亲一把揪出来，可是刚刚端坐了一会，待母亲一不留神，又蹓到别桌的桌底下去了。还有几桌子是清一色的女人家，边吃边扯着家常，咂一口菜，顺带着品评两句。男丁们是不太在意饭菜的，对他们来说，吃饭就是喝酒，于是，左手夹着烟，右手举着酒杯，“咣”地一碰，然后一饮而尽。中途有人吃过了，站起身先走，旁边原本站着的人赶紧坐下；还有晚到的人总是被吆喝着“罚酒罚酒”，于是，“砰”的一声，又一瓶酒打开了……

金花说：“看到了吧？这就是钟宅的‘吃祖墓’了。”

走出来，再经过三房的祖墓，干干净净，冷冷清清。刚才那人神共通的祭奠似乎是过去了很久很久的了，只有祖先墓龟上压着的五彩的墓纸，证明着一个刚刚过去的仪式。

对今天的钟宅人来说，祖先毕竟太遥远，倒不如这一场热热闹闹的“吃祖墓”来得更实在一些……■

：宗祠墙上"忠"、"孝"、"廉"、"节"四个大字时时提醒不忘祖训。

∷ 堆积如山的冥钱寄寓着族人的期盼

∷ 清明时节，冥钱纷飞，先人的祝福飘落到钟宅的每一个角落。

∷ 香火旺旺，心绪激荡。

∷ 心愿捎到九泉下

∴ 五颜六色的墓纸摆在坟茔上，意喻为先人添屋瓦。

一炷香一个心愿

◎ 五房由来

根据钟宅祖厝的记载，钟宅钟氏先祖源于河南颍川郡朱昌县安邑乡，后移居江西吉安府丰县乐仁里，其中钟道器一脉又辗转从江西迁来福建海澄县屿上村，六房钟化成居月边社，其裔钟泮儒于明洪武九年，移居嘉禾里钟宅村，生五子：钟维清、钟维明、钟维节、钟维月、钟维亮，人称钟宅五房；今天的钟宅就是从这五房繁衍而来的，每一房的后代其繁衍又不尽相同，其中：

——长房钟维清

后裔由于找不到先人墓地，清明就在祖厝里祭拜，现长房共有九十一户。

——二房钟维明

二房的祖墓现在钟明辉家后房的地下。“文化大革命”时“破四旧”祖墓没人敢祭拜，荒废后被整为平地，连骨头也没拣起来。后来政府把地批给钟明辉家建房子。房子建好后，明辉的几个儿子都没法住下，说会经常梦到鬼怪。因为明辉当过大官，死人怕当官的，所以现在只有明辉夫妇还住在那里。每年的清明节，明辉都会备一桌酒菜祭拜。墓没了，二房的族人就把祭品摆放在明辉家房子后面的小巷里祭拜。现二房共有七十户。

1423年，钟宅二房后代，颜德公由钟宅入清溪定居盐坛（后改名为安溪善坛），迄今五百六十四年。

——三房钟维节

祖墓在钟宅村口巴士站的旁边，墓碑上刻着：明皇——祖钟公偕孺人龚氏墓——明皇万历庚申年（1620年）吉日——五世孙钟崇端立。祖墓是明朝万历申年间，由五世孙钟荣端建立的，墓里埋的是一对夫妻，夫人姓龚。

三房繁衍最盛，至今传下三百零八户、一千二百四十六人，分为五个角落（房下面的分支的称呼）：顶公仔、岁公仔、鱼池乾、涂节盎、砖仔场。

——四房钟维月

祖墓在钟宅畲族小学旁，规模和三房差不多，外观装修得比三房漂亮，还建了一座凉亭叫“敏俊亭”，主要记载重修的缘由和各个角落（房下面的分支的称呼）的户数、人数和修墓的捐资等情况。墓碑上刻着“明皇祖妣钟门孔氏儒人墓”，“妣”是称死去的母亲的，而且墓上刻着“钟门孔氏”显然这个墓祭奠的是四房的女先祖。

墓暾的石板上从里到外还分别刻有三副对联：“颍水千秋旺，川原万世兴”、“灵山财丁旺，吉地富贵金”、“家规彪日月，良训有子孙”。颍川是钟姓原祖的发祥之地，后来抗战时钟宅有个小学也就叫了颍川小学。

四房有两百七十九户、一千零三十八人。四房下面有六个角落：前后角柱、大指甲花柱、顶菜池柱、小社柱、油车柱、小指甲花柱。

——五房钟维亮

由于后裔找不到先人的墓地，清明就在祖厝里祭拜，现五房共有四十户。

钟氏先祖在钟宅总计共传衍了二十二代、七百八十八户、三千七百零二人，至今约为六百一十二年。

在龙海（原来叫海澄）的屿上村，有两座祖坟，一座墓牌上写着“明太祖冠山耿坊钟公、庄一杨氏墓”；另一座墓牌上写着“冠山祖考妣伶秀钟公、凤珠林氏墓”。而钟宅正是耿坊的后代去开辟的。碑中的耿坊是明太祖时期死的，钟宅的开基祖叫泮儒，是耿坊的三儿子，他（泮儒）到钟宅开基应在成年后。明太祖洪武元年，即公元1368年，如假定1393年为泮儒的成年期（是年泮儒二十五岁），若以此为基准，那么钟宅的历史应该有六百一十二年。屿上这两座墓都是上世纪八十年代后重修过的，1984年以来，大陆以及海外的钟氏后裔，几乎都派代表来屿上修缮祖祠和祖坟。

屿上绿油油的稻田地里，还有一座坟茔，墓碑上面写着：冠山始祖考卿进士道器钟先生暨妣太安人慈懿林氏佳城。墓碑上没有记载钟道器的生辰年代，而此墓重修于雍正甲寅年，即1734年是有明确记载的。

离屿上不远的是月边社的祖厝，月边是钟道器传下来的另一支后裔，即第六房。月边祖厝柱子上的诗句清楚地记载着屿上与月边的关系：“×传道器基开屿上，德绍化成派衍月边”，“接屿上旧宗世胄派衍颐粤，启月边新宇本支分张南北”。可以看出化成是道器的第六子，这个祖厝就是六房的祖厝。钟宅人是从六房传下来的，从钟化成到钟耿坊再到钟泮儒，先人一代一代地繁衍，方有今日之兴旺。

钟宅的历史实际上是厦门一半历史的缩写。

根据明清两代的《同安志》、《厦门志》记载，距今约千年的宋朝兴国年间，禾山一带产一种水稻一茎而数穗，人甚感惊奇，报朝廷之簿碟中有将鹭岛称“嘉禾屿”（五谷丰登岛屿之意）。1974年泉州出土的《唐许氏故陈夫人墓志》中（公元857年）厦门已称为“嘉禾里”。宋代“嘉禾里”归泉洲府同安县管辖，宋以后厦门发展速度加快，人口增多。南宋王象之曾在《舆地纪胜》中记载嘉禾屿的居民有千余家，按一家五口的普通概率计算，也有五六千人。人口的增加势必使村落数目增加，当时村落就有曾厝垵、塔头、东沃（顶活仔）、莲坂、毫灶（文灶）、吴仓（梧村）、乌石浦、埭头、吕厝、店前（殿前）、竹坑（湖里）、高崎、上店(祥店)、坂上、寨上和钟宅等。从南宋始，厦门岛交通也逐渐发达，五通、钟宅、东渡、土地公庙附近（开元路）都建有码头，其中五通的古码头遗址，至今犹存。■

◎隐于现代建筑的城市部落

从春节到清明、从清明到端午，在钟宅转了几个月了，最终还是在那一片古厝周围打转转，不是因为迷路，而是因为被陶醉其中。留恋钟宅，是因那里纯朴的人；留恋钟宅，是因那特有的礼俗；留恋钟宅，更是因为那的古厝老屋……

昶伯家的古厝似乎比别人的老屋更有味道。古厝在离祖厝不远的地方，两扇大门已有些陈旧，门上的铁环也是锈迹斑驳。推开门，浅浅的灰尘飞扬开去，几只小飞虫在眼前择路而逃，大概是打扰了它们的清静。走道往前，是收拾得齐整的庭院和厅堂，一扫因尘土飞扬、残垣断壁，凌乱和狼藉而带来的冷漠与无奈的感叹。

:: 古厝的翘屋脊掩映于瓷砖墙面的楼宇间

院子打扫得很干净，不见丛生杂草，只有三两口大缸井然地叠放在一起，似乎还等着哪一天被派上用场。客厅的红砖地面仍显略有潮湿的红润，客厅正中则保留着钟宅人家固有的佛像和祖先牌位，佛像已经褪失了颜色，而祖先们的照片仍清晰可辨。那是昶伯的叔公、奶奶，昶伯的父亲、叔父和母亲。

古厝里家具所剩无几，一张条案、一张八仙桌、一张橱柜、几只凳子，留下的这些东西是每年祭祀时要用的，一年里逢二月十五、三月初三、七月十五、冬至、除夕和各个祖先的生日，全家老少都要回来祭拜，那是古厝最热闹的时候了。

古厝带着那么一点孤寂的凄冷，就像是完成了使命的忠仆，默默地矗立在记忆的深处，守候着也许永远不可能归来的主人，在岁月的风雨里静静老去。

“古厝是爷爷的爷爷留下的，祖先是迁不走的，所以，这儿才是家。”

古厝留下的是对故土的执着与依恋！

是回忆！

是根！

此刻，我感受到钟宅人对时空的眷念。

……

那一年的那一天，钟宅的大路铺起来了，那一时的那一刻，水泥、钢筋、碎石、砖块成了钟宅新时代的符号。钟宅的现代高楼开始似夜晚的星星一样，一点一点地出现在古厝旁，不久这些生硬、单调的符号就包围了整个古厝老屋的群落，这符号犹如池塘里那速生的水葫芦般，以钟宅的入口为中点迅速向左右两端蔓延一直延宕到海边。古厝老屋在拆，一间一间地被拆掉，钟宅的古厝老屋就这样在那一年的那一天淹没在现代建筑的丛林中。

……

走在钟宅的大街上，很难一眼就看到历史的痕迹，红的、白的琉璃外墙显示出现代人对时尚的追求，高层建筑早已把浩瀚天空压缩成长一块短一块的饼干状；路面被一层一层红壤的灰尘覆盖着，加之人们扔在地上的纸屑和垃圾，使钟宅躁动四伏。往前走，稍不留神，你要么撞上墙，要么就撞上人，这里已经没有“天高任鸟飞、海阔凭鱼跃”那种海边渔村的廓落，也早已没有了古厝老屋所赋予钟宅的那份清净、和谐的村音。

我沿着这些痕迹，我寻找古老的钟宅，我寻找那仅存的部落符号。

在一堵现代建筑的高墙下，一排整齐的古厝排在一起，顺着山势以花岗岩的石板路相连；古厝的房顶长满了苔藓，把原来的红色加饰得更加古老；古厝墙壁上的泥土已经开始脱落了，露出墙身凹凸的红砖，红砖的灵魂似随着飘散的炊烟在空中飞舞；有灵魂的红砖在向包围这些古厝老屋的高楼抗议，“嘿，你们挡住了祖宗的眼睛”。

被高楼严严实实地包围着的古厝、安静而又庄严的老屋，用自己的厚重嘲弄着高楼的嘈杂和庸俗，他们在彰显自己的自然，那是人与自然和谐的集合点。

已经看不到当年钟宅生活的钟宅，只有古厝老屋还能勾起往日的联想。■

◎ 地主与十三户

:: 钟宅的大户——“十三户”，今非昔比。

“钟宅没有地主！！！”阿风，非常肯定地重复着。看着满村一百多间华丽的古厝，你很难相信阿风的回答。

有关地主的说法是人们告诉我在钟宅有个“十三户”时被提到的。

那是一所很破的老房子，当你从它旁边走过的时候，你会以为这只是一般的房子而忽略不记。“十三户”的大门口堆满了乱石，屋脊、山墙、大门随时都有坍塌的危险，但当你小心翼翼地爬过那堆乱石后，这所老宅的面目就露在你眼前。从正面看，你可以很清楚地看到它是座两落带护龙的古厝。

阿风说：“这是钟宅最大的古厝，前后二落，左右两护龙，中间是封闭的庭院，格局宽敞，空间隐秘，它的名字叫‘十三户’。古厝是全叔的宅地，土改时被没收分给了十三户贫下中农，所以这‘十三户’的叫法延续至今，它的主人全叔反而很少有人提及。”

1949年，当三野、四野的狂飙横扫闽粤大地时，来自北方的解放军工作队呆呆地瞧着这些华丽的古厝大屋：“住这么好房子的不是地主是什么！”“剥削来的财产当然要没收！”于是闽粤被没收的地主房产数以百万计。

阿风说：“全叔是华侨眷属，他的房子是用华侨从南洋寄回来的钱盖的，凭什么没收！”

阿风说：“以前钟宅古厝的主人对乡邻很好，至多是他家的女人有些凶。”

上世纪八十年代，十三户搬出了全叔古厝，曾经很热闹的“十三户”一下子寂静了下来；上世纪九十年代末，没有了“十三户”的全叔古厝开始有坍塌的迹象，及至现在已经没有人再走进它。

阿凤是钟宅的姑娘，再后来成了钟宅的媳妇，钟宅的媳妇要勤劳、要讲妇道，长着一张巧嘴儿的阿凤，总是愿意把心里话倒出来，倒出心里话的阿凤笑得很开心。

钟宅是依山而建的，顺着村口那凸出的龙脉，遵循着背山、面水、向阳这一建筑的基本规律，房子坐北朝南、坐子向午，一排一排地建起来。阿凤说，钟宅一向比邻村富裕很多，因此房子也从来比邻村盖得好。钟宅人房子盖得多了，因此也就知道了那不宜建造住宅的地方：不居当冲口处，不居寺庙，不近祠灶、窑冶、官衙，不居草木不生处，不居故军营战地，不居正当流水处，不居山脊冲处，不居城门口处，不居监狱门处，不居百川口处。依照这个规矩，钟宅的民居是一个群落一个群落地建在一起的，有一种划一的整齐，既形成五房子嗣的各自中心，也有五房大家共同的围合。

没有地主的钟宅，古厝老屋满足了族人基本的生活起居需要。一条龙（三间起，五间起），是最基本的建筑形态，包括正身、正厅、左右房及边间的灶脚间、柴房等。屋顶以正中央的正厅为最高，两侧依次以降，室内设廊道，可贯通各房间。面宽三开者又称“三起间”，五开间者称“五起间”，还有单伸手的，“伸手”为护龙的别称，单伸手即只有单边的护龙，常常是受到地形的限制，也是向三合院的过渡形式。

“一个媳妇怎么会对房子这么有研究？”对阿凤我有很多不解。

“做女孩的时候不会生孩子，做了媳妇孩子也就会生了。”阿凤故意兜个圈子回答。

“钟宅人推倒大大小小的老屋，不感觉正在失去什么吗？”

“钟宅人一直想保护自己的根，古厝老屋没了，根在哪儿……”阿凤的话竟带出许许多多的凄婉。

祖厝是钟宅最大、最古老建筑的代表，三盖廊的格式，它的第一落与左右榉头前端相连，如廊形成三间门厅，其屋顶是两坡顶式，在现存的钟宅民居中，只有祖厝保存得最完整，也装修得最亮丽，但似乎与整个钟宅一样正失去那古朴的色彩。

在钟宅，祖厝是共有的，当族人的理想显得很遥远时，他们就把夙愿都集中在这栋老房子上，这栋老房子——祖厝的意义就非比寻常了。非比寻常的祖厝，召至所有的人都争着去保护它，于是祖厝就由老变新，由古代变为现代，由普通变为豪华。“这是一个十分可怕的命题吗？”

钟宅古民居的毁坏从抗战为始，1938年日本军队放火烧掉钟宅一百零八间最有价值的房子；以“文化大革命”为最，红卫兵破四旧时砸烂了很多雕塑，尤其是那些门楣、窗框、石基的浮雕、透空的镂刻；以现时为惨，古厝老屋一间一间地被推掉，六百年的畲族部落几近荡然。

钟宅的古厝老屋代表的是一种生活态度，简约、人与自然的和谐。■

◎三十年风雨满楼

每天天蒙蒙亮的时候，钟伯总是穿戴整齐地走过钟宅的小街古道，他来到村口，坐上头班巴士前往江头，临近中午时他又返回钟宅，常年风雨无阻。

“我要去江头吃个钟宅海蛎，江头的钟宅海蛎好嘞……”钟伯常自言自语，没人知道他为什么。

……

六百年前的厦门酷似个铁锚的形状，锚的西面有伸进很多的筼筜湖，锚东面有挤进来不少的钟宅湾，江头刚好在中间锚柄的地方；锚下半部的核心是厦门的提督府，锚上半部有厦门的热闹去处高崎和钟宅。钟姓畲族在钟宅湾形成自己的部落群体，“思念明朝”的前朝旧臣则傍着筼筜湖逐渐筑起了厦门的古城池。后来下半个锚的势力扩张到整个厦门，于是在钟氏祖厝等部落上面又多几个叫保甲的村吏官。

明清两代的厦门，在政治和经济方面具有非常独特的历史地位。

明太祖朱元璋初始定国都于南京，至公元1399年封在北平的燕王朱棣南进。朱棣认为北平乃龙兴之地，北可控大漠、南遏中原，于是将大明朝国都迁至北平，并改称北京这是后话。

史说位于南京的明太祖为佑国之平安，派江夏侯周德兴在福建设立卫所，闽南永宁卫的中、左二所就设在厦门岛，史称中左所。厦门城建造于洪武二十年至二十七年(1387～1394年)，城周为四百二十五丈，有四座城门：东为启明门、西为怀音门、南为洽德门、北为潢枢门，都建有城楼；后厦门城屡次改建，城周扩大为 六百丈。“厦门”原名“下门”，因闽南语中“下”和“厦”谐音，因此雅化为“厦门”，寓“大厦之门”之意。直至康熙十九年(1680年)清政府才正式在奏折中称厦门。明清两代厦门城市热闹非凡，曾有诗描绘“锦绣烟花自一洲，无边风景似杭州。”还有人记载“俳优传奇、青楼侑觞”，可见那种市镇的繁荣景象并不亚于世人心目中的杭汴两州。

明清两代，厦门海上交通和对外贸易非常发达。明朝初年，宋元时代一向繁华的泉州港由于受到元末战争的破坏，元气大伤，加上晋江上游植被受损，水土流失，河道淤塞，终于逐渐衰落，1474年宣告闭港。在这种情况下，地理位置优越，手工业和商品经济发达的漳州月港便应运而兴，是时月港中外商船云集，每日均有大宗贸易发生，当时厦门港只是月港的外港。至明末清初，由于西方殖民者骚扰，加之清廷与郑成功间战争的破坏，以及月港水浅、大船无法靠岸的弱点，月港渐渐衰落，相反的厦门港由于港深、避风，出洋便利而逐渐兴盛起来。

1644年，清军入关后，郑成功与降清的父亲郑芝龙决裂，举义旗以厦门为基地，训练军队，以图恢复汉族统治。1655年，郑成功改厦门为“思明州”，寓有思念明朝的含义。正是郑成功改厦门为“思明州”，才有如今厦门“思明区”与“思明路”的称谓。郑成功为实现反清复明的事业，以厦门为据点，

精致的碉楼

:: 福寿楼上的西洋雕塑

广筹资金，加强与日本、东南亚等地的海上贸易，规模非同寻常，使厦门一跃成为我国东南地区对外贸易的中心。至康熙年间，清朝统一台湾后，海禁洞开，厦门港日有商船逾千艘，大的载货万余石，小的也有数千石，可谓是“千家楼阁通三岛，万里舟舶聚一坳。”

钟宅人是勤奋的，他们用种田、养殖、捕捞海蛎的所得，在海边修起了祖宗的祠堂，傍着祠堂、依着山势，他们又逐渐修造起座座有花岗岩基石、红砖飞檐的大厝；钟宅人是恋家的，因此六百年来出去闯荡的人不多，不多的几个人以在南洋辛勤劳作换来的银洋，比照南洋的样子，在钟宅造起南洋风格的红砖楼。大厝、老屋、红砖楼、石板街道、花岗岩的码头，每日来贩卖海蛎的商贩，钟宅形成热热闹闹的市场，钟宅也因此成为厦门东北最响亮的名字。

来钟宅次数多了，在纷乱的巷子里总算找到个标志性的建筑，这就是叫做福寿楼的红砖楼。位于钟宅中心的福寿楼，是座南洋风格的两层建筑，一楼的花岗岩表皮渍迹斑斑，二楼表皮正在剥落的闽南红砖，以及长满苔藓、茅草的瓦片，熏黑的雕花门柱、拱型的门廊，败落的红砖楼四处透露着这间房子的沧桑历史。

福寿楼是因福寿这个人而得名的，但其实这栋

并不是福寿建的，而是由他的父亲央仔所建。生于上世纪初的央仔，年轻时候家境不是很好，“马关条约”后海禁洞开，东南沿海地区涌动着去南洋当劳工的潮流。年轻气盛的央仔为了有所作为，振兴家门，只身去了南洋。经过一番奋斗，央仔开起了当铺，终于有了自己的事业。都说开当铺的人心太狠，会断子绝孙。可能是被说中了，央仔由于不能生育，只得向人家抱养了福寿、福成和金月三个孩子。三个孩子都在钟宅长大，后来两个儿子随央仔到南洋打理生意，女儿金月则留在家里守着福寿楼过着金枝玉叶的日子，这就是闽南地区重男轻女的习俗，当然也就有了很多后面的故事。

1928年，在菲律宾的华侨钟佑汴向钟氏后人募款重修祖厝，佑汴的乡贤之举给了央仔一个启发，于是在南洋挣了钱的央仔也在那时回到钟宅，在原来的宅基地上建了这栋红砖楼。福寿楼是钟宅第一栋中西合璧的楼宇，其外观就现在看也是极为的豪华气派。从外形上看福寿楼属于南洋风格，但你又分不清它到底属于哪个流派，它既有欧洲建筑的高柱、拱门、露台、百叶窗，也兼有穆斯林特有的月廊及装饰图案。若仔仔细细地端详，依然能看出它遵循着闽南传统的建筑格式。闽南民居一般是二进一院的四合院格式，平面呈口字形，即一个大厅加四个厢房。即使没有建完整，也会有“三间直”，即大厅加东西厢房的样子。福寿楼正是在二进一院的四合院格式基础上进行设计建造的。从住宿房间的角度看，福寿楼与传统的闽南民居没有本质上的差别，但从建筑艺术的角度看，它则是一种突破。

传统红砖楼的墙一般分为三段，腰身以下一般是用花岗岩砌成，中部由红砖砌成。福寿楼融合了闽南

红砖建筑的元素和欧式建筑的特点，它大胆地把第一层都用了花岗岩，而第二层则都用红砖砌成，这样红白相间，色彩鲜明突出。更重要的是它一扫传统燕尾脊或马鞍脊山墙式屋顶，统一采用了平屋顶，这又在另一个层面体现出传统与现代的结合。

闽南传统民居在山墙上都有各种各样的雕塑，福寿楼没有了山墙，只有四周一样的墙体，所以它就把风格与雕塑都集中体现在窗户、楼的前部和楼顶的护栏上。福寿楼的窗户造型明显是欧式的，用花岗岩和红砖共同塑造出的西欧建筑特色，第一层窗户在长方形的主窗体上面加了一个三角形的砖雕，看上去像是用积木搭成的，主色调则仍是红白相间；第二层的主窗体上则用精美的浮雕代替，更显楼的高贵。福寿楼的前墙以实墙达到围合的功能，又采用假柱，通过把砖块突出成柱，让古希腊风格也在这儿有很好的显现。楼顶的护栏基本上都雕塑着白色花草，这种做法在钟宅是绝无仅有的，这样的处理从整体着眼，使楼的前部不至于单调平板，从而增添了这栋楼的艺术色彩。

福寿楼的另一个亮点在大门上，作为住宅的出入口，是住宅的门面，依照闽南传统民居的设计一般都会采用屋宇式宅门，而福寿楼打破了屋宇式

的臃肿和烦琐，直接用花岗石作为门柱凸显现代意识，它剪掉屋宇直接建成山墙，并用山花雕刻来加以点缀，两端又竖立着两盏西式壁灯，从而使欧风意味更盛，看上去既简单又别具一格。

福寿楼虽是南洋建筑风格但它仍遵循背山、向阳、坐北朝南这一建筑的基本规则，它没有"五落大厝"的威严，但却有简约生活的格调。据说，央仔是连水泥、玻璃等建筑材料都从南洋运回来盖起这座传世伟业的。房子建好后，央仔又回到南洋发展他们的事业，福寿楼交由福寿的堂兄弟天赐来管理。直至福寿到了结婚年龄，央仔才带他再回钟宅成家，央仔一支在钟宅有了真正光宗耀祖的一天。

1938年5月9日，日军福岛师团从高崎、五通和钟宅登陆，13日日军侵占了厦门全岛。野蛮的日本军人从钟宅登陆，他们一进村就杀人放火。仅几天的时间，钟宅一百零八间很有建筑学价值的大厝老屋就被烧毁，另有三十六个族人被杀。日军进村后的第三天，把族人全部关在祖厝里，一天一夜只放两缸水给大家喝，棒喝弱力无辜的族人。同时，日军还霸占了钟宅最气派的福寿楼，开始了对钟宅长达八年的统治。福寿楼，历史从这一刻起便注定了它成为钟宅的符号。

从日军霸占福寿楼并把它当做司令部的那一刻起，央仔这个漂洋过海、靠勤俭创业的家庭其悲惨的不幸就开始了。日本军官从一进门就盯上福寿楼里年轻漂亮的少奶奶，福寿的老婆阿珠，他们逼迫珠为他们唱歌，福寿的母亲为保护阿珠不被日军侮辱，挺身反抗。日本军人恼羞成怒用刺刀将福寿的母亲活活刺死。惨无人道的日本军人杀死老人后，还把尸体扔在海蛎壳堆里，五天后长满虱子、发出恶臭的尸体才被族人掩埋。央仔与福寿，因战争阻隔没法回国，也没有办法为自己的亲人下葬。悲痛欲绝的央仔没几个月就因伤心过度谢世异乡了，阿珠也因忍受不了日本军人的骚扰和欺辱，只身逃出福寿楼，从此再也没有下落。平平安安的家庭就因日军的侵略与殖民统治被搞得家破人亡。

1945年，日本无条件投降，钟宅人与厦门一起获得了解放。由于国共两党和谈失败，内战又起，国民党政府为此在厦门四处抓丁，他们在钟宅的福寿楼建立了据点，成立了专门为军队提供兵源的指挥部，被抓来的壮丁在钟宅经过短期的训练后送至正规军里，并设防在高崎、钟宅、五通沿线以防备解放军入厦。

1949年10月17日厦门解放了，钟宅才又恢复了往日的安宁，福寿楼也交由福寿的族亲管理。不久，福寿从南洋回到大陆，回来后的他并没有住进福寿楼，他的婚姻、他与福寿楼的姻缘也从此情绝。

1955年大陆实行土改运动及合作社、人民公社运动，福寿楼再次变成了地方政权的中心——禾山人民公社钟宅大队的大队部。反右倾、"文化大革命"，福寿楼总离不开钟宅乃至厦门革命漩涡的位置，红卫兵在这里造反、各种机构在这里办公……直至大陆实施改革开放后福寿楼才最终回到主人的手里。

现在的福寿楼已经不仅仅是属于福寿家的了，它也不仅仅是一栋楼，对钟宅人来说，这里记载了钟宅人的辛酸血泪，写满了钟宅人血泪相交的近代历史。■

∴ 百年福寿楼虽已败落，但仍不失豪宅风范。

∷ 历经近百年风雨的洗礼，后人依然可以欣赏其精美的石雕艺术。

别样习俗

◎ 俗世里的神祇

天刚蒙蒙亮，荃婶就起来忙活了。

涮锅、淘米、加水，“啪”地打开煤气炉，蓝色的火苗开始“哧哧”地往上冒。她把盖好的高压锅往上一放，便出了厨房，径直走进对门的房间。

房里很暗，没有窗，只有两盏煤油灯芯亮着。荃婶摸着黑，熟练地在暗处悉悉倏倏，只听“哧”的一声，一小团火苗把屋里照得稍稍有些亮堂，光影中隐约瞥见屋子正中的桌上密密地摆放着一堆大大小小的佛像；沿墙四周凌乱地放着一些祭拜用的香、冥钱，还有一些糕点，各种东西叠在一起，有一人之高。

火苗灭了，几个小亮点一闪一眨，那是荃婶手里刚刚点着的香，一股淡淡的幽香在黑暗的小屋里蔓延开去。听得见荃婶在默念着什么，细细碎碎的，越发衬出这个早晨的清静。念叨完了，鞠三个躬，把香插在神龛前的香炉里，再双手合掌，作揖……这一切末了，便见荃婶从角落里拎出个大竹篮子，把神龛案前昨夜就准备好的一包包东西往篮子里放。收拾完这些，对门厨房里的高压锅已经在“噗噗”地叫了。荃婶拎着篮子跨进厨房，把火熄了，然后便往大门走。

路过大厅，客厅里播放着一曲幽幽咽咽的古音，像是寺院里的佛歌，反反复复只有两个调子。这佛歌是一天二十四小时放着的，客人来时会有些不习惯，而对他们自家来说，这佛歌就像荃婶每天早晨的上香一样，已经是这个家里再熟悉不过的存在了，倒是每次小女儿从外地回来时会嚷嚷着关掉几天。荃婶说：“神灵也需要休息几天。”待小女儿一走，一切又恢复了原样。这也使荃婶的虔诚佛心成为邻里皆知的事实。

据说，她家的这个佛堂是二十多年前建房子时就有的。在钟宅，其实是家家户户都供着神明的。不论是老房子还是新楼，一进客厅，就可以瞧见厅正中的供台和案儿，正墙上挂着仙裾飘飘的神像图，图下方的案儿正中则是一尊佛像或佛龛。可像荃婶家有这么大一间佛堂的却并不多见，她家的佛堂不仅地方大，菩萨也供得多。天地公、观音、弥勒佛、金童玉女等等，大大小小，不下二十尊。听说，“文化大革命”“破四旧”时，大庙小庙毁于一旦，荃婶却冒着风险把庙里的一些佛像请回来，偷偷地供着，她家至今还留着一尊当年从红卫兵手下“抢救”回来的观音菩萨像。 >>

>> 相公庙里的祈愿

荃婶出了门，往东，穿过邻里狭长的街巷，五分钟的路便到了村里的保安殿。钟宅人的方言里管保安殿叫“相公庙”。说“相公”便知道，这是一座专为男丁们立的庙。闽南一带的男人许多都外出谋生，女人们留在家里照顾老少，空闲时女人们常到佛前为自己的“相公”祈福求平安，于是，便有了这座“相公庙”。

相公庙的大门是两扇大木门，门上画着两尊威武的门神。在钟宅，宫庙的结构是有男女之分的。男佛堂分前堂、后堂，中间有亭，亭的两边各留有空处，称龙虎井，而女佛堂则没有。钟宅宫庙的大门两边都会有两只石狮或乞丐石（以前乞丐乞讨走累了就坐在这两块石头上休息）。宫庙墙上密密麻麻地画着各种水彩画和工笔画，有群裾飘飘的仙女，也有白胡白须的长者，绘出一系列的佛家典故。前堂墙上画的是二十八星宿，后堂画的是三十六官将，连宫庙的屋顶也都画满了各种水墨画，意寓各神仙齐聚一堂，甚是热闹。

荃婶就是管这相公庙钥匙的。平日里，每天清晨五点半，她都要过来把庙门打开，整理完庙堂，烧上头炷香，再回家吃早饭。可这一天是农历二月二十二，是相公庙里神的生日，所以荃婶也来得比往日都早。开了庙门，荃婶从佛龛前的案几下找出块抹布，细细地把案几和供台擦过一遍，又洗了洗佛前的茶壶和

茶杯，加上新的茶叶，往杯里斟满新茶，再挑了挑佛前的灯芯，把香炉里残余的香枝清理干净，然后把自己带来的东西一样一样地从篮子里拿出来。先是酒和酒杯，再是一些饼干、水果和糕点，还有已经煮熟了的鸡和猪肉。供品刚刚摆放停当，就听得门外有人在招呼着。

“来啦？真早哩。”一个五十上下的妇人也拎着篮子进了庙门。

荃婶说：“嗯。来开门呀。你也这么早来哦。”

“我孙子要上课，给他做完早饭，叫了我那个媳妇起床，就过来了。今天都供虾米（方言：什么）？”

“就些干果，多了一些肉，差不多啦。”

寒暄中，后来的妇人已经把自家篮子里的东西一一摆好，然后两人便不再说话，默默地到案前的油灯那儿点着了香，便各站一边去了。见她们并膝跪在案前的膝垫上，把香举到额前，略微仰首，两眼注视上方的神像，口中念叨着什么。末了，还是三鞠躬，上香。然后拿过案几上的圣杯，圣杯是两片对称的肺叶状的木块，因为常年的触摸，表面已甚是光亮。荃婶把圣杯合拢在掌心，嘴里依旧默念着，一会儿，停住，两手放开，圣杯便“咣当”随着两声清脆的响声落地。

在闽南的佛俗里，如果两叶圣杯一正一反，就表明神明首肯，所求心愿遂可以实现；如果两叶都是正或都是反，则表明神明反对，或没看清楚。荃婶扔下的圣杯刚好是一正一反的。她微微一笑，显然对这个结果比较满意，于是，弯腰拾起散落在地上的圣杯，递给一旁等候的妇人，自己站起身，掸了掸双膝，站到了一旁。

荃婶从篮子里拿出带来的几叠冥钱，一叠叠腾开，一只手握成拳头，在整叠冥钱的中间打着圈，另一只手展开，托住冥钱的另一面。几下转动，整叠冥钱就呈孔雀开屏状地展开了。她像点香一样到案前把冥钱的一角点燃，站到案几前方，对着神又默念了一小会儿，然后才举着烧着的冥钱走出庙门，扔到门外的冥钱炉里。

没过多久，庙里的人便陆续多起来了。清一色的都是女人家，穿着弯兜衣的阿婆，打扮光鲜的小媳妇，更多的是像荃婶这样四五十开外的中年妇女。偶尔有年轻的小伙子帮着母亲提东西过来，一放下篮子，便一哧溜跑得不见人影。庙堂里也渐渐热闹了。荃婶拜完了并不急着走，站在一旁跟后来的人说着话。女人家们从她旁边经过，都会跟她打声招呼，她也会笑着跟人家点点头，再跟旁边的人接上刚才的话题。

先来的会自觉把案几上自家的供品往旁边挪一挪，好给后来的人腾一点空位。都是一个村的，有的还是亲戚，一会儿听见有人问："你家后生（儿子）去广东跑车了？"一会又听有人在说："老幺今年考大学了吧？"

进来了个年轻媳妇，乖顺地跟在婆婆后头。这婆婆自是女人家们都认得的。"带媳妇过来呀？"女人们对着婆婆说话，眼睛瞅着的却是后边的新媳妇。

"是呀。你们来得早喏。"婆婆的声音有一种满足感。

"你以后可好命了，小儿子都娶了，都完成啦。"女人家很是羡慕的口气。

在村里，有个不成文的规矩，新来的媳妇要尽可能地出来走动，在女人堆里混个脸熟，这样，以后走在街上，才会懂得跟长的短的亲戚们打招呼。这会儿，新媳妇倒也不羞稔，帮着婆婆摆好供品，在婆

婆拜佛的当儿，也跟旁边的女人家们有一搭没一搭地扯着。家长里短什么都有，话里话外都离不开家里的事，自家的、别家的，讲自己的丈夫、也说儿子女儿。小庙堂一时成了这群女人家聊天的场地，这一场求安祈福的小庙会倒成了女人们的聚会。当然，这一切都是压低了声音的。女人们知道，拜佛究竟是件神圣的事，所以，每个人笑归笑，扯归扯，只要举起香火，神情马上变得严肃而认真，一脸虔诚，仿佛一切杂音皆于耳外。

其实，平日里，相公庙并不热闹。早些年钟宅外出求财的人多，那时香火还算旺盛。这些年，村口四周冒出了不少工厂，有工厂便有工人，这些工人又多是外地来的。因为钟宅离厂子近，而且房子便宜，便有许多人开始在钟宅里头租房。租的人越来越多，渐渐地，钟宅人发现，靠出租房一个月也能赚一些钱。于是，趁着旧城改造的空当，钟宅人在村里见缝插针地盖起了一幢幢新楼房，有的搬进了新楼，就把老房子租出去了，还有的就专门盖了一整幢简易的出租房。一来二去，村里几乎每家每户都有出租房，都有了出租房的收入，多的数千，少的也有数百。渐渐地，外出做工的钟宅人越来越少，就连钟宅的年轻小伙也乐得在家坐享其成。所以，大白天里，当厦门市中心的年轻人西装革履、行色匆匆地穿梭在各大写字楼时，在这儿却可以看见年轻的钟宅小伙子正趿着拖鞋在小街上晃悠。

不过，家里虽没了外出的人，拜佛却还是不能撂下的，对这群女人们来说，拜佛已经成了生命中的一项“事业”，那些佛祖的生日她们是记得再牢不过的了。到了这一天，女人们便早早备下一切，碰上刮风下雨也一定要过来；即便自己来不了，也必定会交代家里的媳妇或女儿，总之，在她们看来，佛祖生日不来祭拜、不来烧灶香是万万不可的，佛祖会生气、会见怪的，那样家里就要倒霉了。

所以，日子长了，来拜佛似乎也不是为了求个什么了，只是习惯，习惯而已。偶尔碰上家里有什么大事，或者不顺心的事，才会特别郑重地来求签。没事的时候，来烧灶香，烧一叠纸，说一些保佑全家的话，似乎这就是对佛祖有了一个交代。就像这一天，来的女人家都把这里当成热腾腾的一场小聚，碰个头，扯几句家常，然后，散去，各自回到那个属于自己的天地里，叫醒赖床的儿子、孙子，再回到灶台前，忙活一家老小的饭食。

或许，那个灶台，那个家，才是她们人生真正的圆心，而相公庙，不过是从那个“家”里延伸出来的一处柔软的幸福。

而这些，加起来，便是钟宅女人们的一生了。■

◎ 漂洋过海“省亲”去

相公庙的小庙会刚过去一个月，钟宅的女人们又迎来了另一个节日。农历三月二十是钟宅的妈祖婆生日。而按钟宅的惯例，每三年，钟宅的妈祖都要回一趟湄洲娘家，到妈祖祖庙去“省亲”。今年刚好是那个“第三年”。

其实，在钟宅，“省亲”不叫“省亲”，叫“请火”。钟宅人认为，钟宅的妈祖灵气是从湄洲的妈祖祖庙请来的，所以，每隔一段时间就一定要把钟宅的妈祖带回祖庙，这样钟宅的妈祖再回来时才能又充满仙气。而“请火”的日子也是由钟宅的妈祖婆自己定的。妈祖真正的生日是农历三月二十三，或许是为了和湄洲妈祖有所区别，钟宅人把钟宅妈祖婆的生日提前了三天。所以，每三年逢三月二十的前几天，钟宅人都要在妈祖庙里用圣杯决定“请火”的日子，选好日子后，大伙就分头开始筹备了。

虽说今年“省亲”的日子是在三月十六，可钟宅的女人们早早就开始忙活了。半个月前，女人们已经开始商量，集市上、巷子里，碰了头第一句就是，“去请火吗？”

去和不去似乎都有唠不完的话。要去的约好了一起买东西，问彼此要带的带全了没，生怕自己一不小心落下了什么；不去的好些人是早些年去过了的，所以碰见了也会说个不停，尽情地描绘着当年自己去时的情形。还有些人，是每次必去的，就像荃婶。

掐着指头，总算盼来了这一天。三月十六，这天的钟宅似乎也醒得比往日都早。街巷间，是匆匆出门

:: 焚香数点

∷ 妈祖像

的女人家。早早地，就有人在荃婶家门口唤着：

“走啦。快点，说了是在小学校那边的。”

“来啦。来啦。”

荃婶边应着边从里屋走出来。手里是鼓鼓的一个大包。

门口等着的女人把头探到荃婶的大包里，问：

“都带齐啦？”

“嗯。齐了。今天多带了些‘金银’。难得去一趟咧。”

可不？！对钟宅上了年纪的女人家们来说，出趟门还真就是件稀罕的事。多少年，她们走进走出的就只是这个家门，从家到菜场，最远就是村口，就连进厦门市区也是偶尔心血来潮，更别说像今天要到几百里外的地方去了。前些日子，村口开了间有数百平方的大超市，路过的人都纳闷，在这小村口开个这么大的超市，生意能好么，可事实却出乎意料，那超市里人挤得不得了。其实想想也不难明白，从家到村口，正好是钟宅媳妇们每天的生活距离，不长，也不短。所以，这一趟出门，三四百里已足以让这群女人们充满了兴奋。

荃婶出了门，却不往学校方向走，七拐八拐竟是到了村子东南边的妈祖庙。原来，出发之前，主事的人和要去的族人都得到妈祖庙点香，告诉妈祖，咱钟宅人今日要前往湄洲岛“请火”，请妈祖保佑善男信女们路途平安。因为湄洲路途遥远，不方便请妈祖金身前往，于是，村民们准备了一担“香担”代替。“香担”是从日子定下来的那天起就要开始准备的。“香担”里要放一个点着火的炉子，还有香、冥钱和六种水果。据说，这炉子里的火要用“静香”燃着，一路烧着到湄洲，不能熄灭，方能意寓“一路兴旺”。

荃婶到时，庙门前已经聚了不少叽叽喳喳的女人家。老年的，中年的，还有几个年轻媳妇，想来不是跟着婆婆去，就是得了婆婆嘱托的，还有就是几个小孩子在人群里钻来钻去，一脸的雀跃。

大老远就有人跟荃婶她们打着招呼：“婶，今年还去呀？”

“当然啦。我哪能不去呢。也不是很远啦。”荃婶远远地就笑着把声音甩了过来。

大家都穿得很精神，出门一趟不容易，再加上是去拜佛，三年才有一次，还是跟一群姐妹们一起，看得出每个人都很在乎，连手上拎的袋子也比平日讲究了很多。大伙都拎着大包小包，有给妈祖的，也有给自己的，毕竟这三四百里也算是个长途了。

七点十五，三辆大巴驶进了小学的操场。人群里一阵小小的骚动。

“今年的车比那年的好咧。”

“嗯。听我家那位说要去的人太多，村里只好包了几辆大的。”

“哦。不过，还好车费没给咱涨多少。你也是交了七十块钱吧？”

“嗯。我听说，村里还要给咱们贴上四块呢。”

原来，去这一趟是要预先报名的，包车的费用则是要摊到每个人头上。管事的人说，因为有车位限着，这样才能控制去的人数，要不，这会儿说不定全钟宅的人都在小操场上了。可尽管如此，今年跟着去请火的族人还是比往年多，共有一百四十多人，村里包了三辆车。

司机下来，几个男丁迎上去，和司机边说边比画着什么。那几个男丁是宫委会管事的，别看钟宅地方不大，庙和神仙倒是不少，而且在钟宅人眼

∷ 男丁挑着香担，为钟宅妈祖请火。

里，什么都可以凑和可以马虎，惟独这神明的事不能大意。所以，钟宅人自发成立了一个宫委会，专门管神仙们的这些大小事情。

说来也奇怪，平日里求神拜佛的都是女人家，可宫委会的“头头”却是几个男的，自然都是上了年纪的，有些还是村委会里退下来的干部。不过，大家也没觉得什么不自在的，大伙都认为神明的事是“好事”，能做一些“好事”就好比沾了神明的仙气，何乐而不为呢。

车门一开，大家却不急着上车。因为大家都知道，今天这一趟最重要的是护送钟宅的妈祖回湄洲，妈祖还没上车，自然是谁也不敢抢先。眼见着宫委会的几个人远远地过来，为首的人小心翼翼地捧着“香担”。

这一刻，大家都不说话了，让开一条路，目送着妈祖上了第一辆车，然后才争先恐后地上去。不一会儿，那一团热热闹闹便转移到了车厢里，不知情的人还以为这是出门旅行呢。

七点半，车喇叭响了，准备出发了。这时候，一个身着法师服的“响头”手持法鞭挥鞭开路，四个“响锣”敲锣打鼓。

车子启动。

钟宅的“省亲”队伍就这样浩浩荡荡地出发了。>>

其实，妈祖在钟宅，并不是最“大”的神。听族人们说，钟宅妈祖的原身就是五百年前被二房的那个“不肖”子孙背到安溪善坛去的那尊佛像。当年，那先人背着妈祖像离钟宅出走，一路漫游。至安溪善坛时，背上的妈祖像自行掉落在地，先人便认定那是妈祖显灵指引他留在此处，于是以石头为杯卦，连得三个圣杯，从此扎根善坛。由此，安溪人更是对妈祖十二万分的虔诚。不知多少年前，善坛的一坏小子又把妈祖像偷到南安卖了，善坛的人几经周折才将妈祖原身从南安人手里买了回来。而现在钟宅供奉的这尊妈祖像就是1965年村里几个女长者从潘涂赎回的金身。

但无论是否原身，钟宅人对妈祖的信仰却是从来如一的。这其间或者还包含着那么一点小小的敬畏。据老人们回忆，“破四旧”的那年，村里的有个“革命分子”下令，把钟宅的妈祖庙拆了。村里信佛的老人听了大骂“不肖”，可那个时期，谁敢说“不”呀？大家心里惴惴不安，也只好眼睁睁地看着“革命分子”拆了庙，还在那块地上建起了生产队的海蛎场，而庙里的妈祖则被族人藏到自家躲过了一劫。事也蹊跷，没过多久就传出消息，当时那个下令拆庙的人生了种莫名其妙的病，然后又莫名其妙地死了。

[illegible]岁的老阿婆捧着妈祖进香

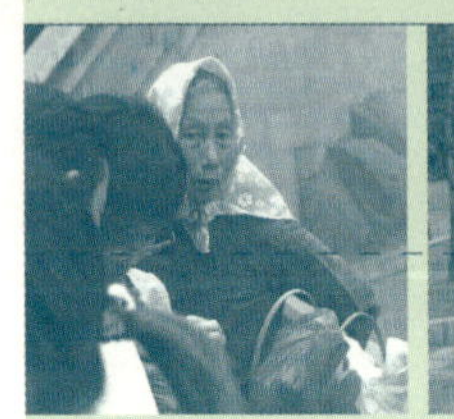

一些族人认为，定是当年他拆庙种下的孽，如今妈祖显灵，报应到他身上了。不管是真是假，在钟宅大家是宁愿信其有的。于是，再后来，也就是1987年，钟宅人又重新在原来的地方修建起了现在的妈祖庙。而此后，钟宅人对妈祖也愈发尊崇。

当然，钟宅人信奉妈祖最大的缘由还是因为钟宅在海边的缘故，畲族是大山里的民族，只信奉山神和祖宗。钟宅畲族是从山里出来的，后来居住在海边并以海为生，因此也就信了妈祖。传说中，妈祖是海上的保护神，她是莆田湄洲一位林姓的女子，以素行济世，常乘舟渡海，巡游于岛屿之间，救助海上遇险的船舶。据传，她在湄山上“熏修”、学道，乡人称她为“神姑”。后来，因一次海难而不返。渔民百姓传说她在湄山羽化升天了，就在所居地供奉香火，称她为“通贤灵女”。千百年来，闽海边的渔民们在各地立庙祭祀，以求妈祖保佑所有出海船只。在钟宅自然也不例外。

尽管妈祖不是钟宅里最“大”的神明，但钟宅人对妈祖感情却是最特别的。在钟宅，流传着“七分靠海，三分靠山”的俚俗，就是说，海乃是钟宅人生存的最大依靠。那一道钟宅湾，延续了钟宅六百年的血脉，因而风平浪静也成了钟宅人最大的期盼。即便是现在族人们不出海了，但多年留下的传统还是令大家对妈祖感恩不尽。

“省亲”的车队在泉厦高速公路上奔跑着。车厢里，女人家们看着窗外闪过的风景七嘴八舌地说着话。男丁们只是偶尔搭搭腔，便歪着脑袋沉默着。快到泉州时，天色突然变黑，转眼间，刚刚还是晴空万里的天已被大朵大朵的乌云遮去了大半，不一会儿，便下起了倾盆大雨。雨刷不停地左右摇摆，窗外的一切瞬间变得模糊，雨噼里啪啦地打在车窗玻璃上。这突如其来的大雨似乎令车厢里的兴奋有些降了温。不知是谁说了一句：“可能是妈祖想试试咱们有没有诚心啦！你信不，到了湄洲雨准停。”大家“哄”地一笑，一瞬间，车厢里的空气又活了起来。可是没撑多久，大家又都安静了下来。噼啪噼啪的雨声，此刻听来竟有一种亲切的温暖，连空气也变得慵懒起来。在这股温热里，男人和女人们都歪过头，打起了瞌睡。

醒来时，车已到达忠门半岛的文甲码头。大家下了车，这才发现，雨已经停了。太阳光也好像要从乌云里挣扎着出来。坐了两个多钟头的车，下来后手脚也活动开了，族人们似乎又恢复了先前的兴奋。女人们乐呵呵地说着："真是灵了。我们一到，妈祖就不让下雨了。"

码头弥漫着一股咸湿的空气，带着腥气的海风挟着渔村特有的味道拂过脸颊，熙熙攘攘的人流从候船大厅的大门里进进出出。靠码头的海岸线上齐整地泊着数十只机动渔船，新鲜的海货正在上岸，汽笛的长鸣更为喧嚣的码头平添了几分热闹。各式的车辆参差地停在码头，戴着小黄帽、小红帽的"省亲"队伍流动在车辆的缝隙之间，为首的，或几人抬着一顶小轿，或一人恭恭正正地捧着一尊妈祖像，身后则是举着各式黄旗的迎送队伍，或肩挑竹筐，或手挎竹篮，一行数十人。钟宅的百来号人的"省亲"队伍夹在其中，甚是壮观。

一下车，钟宅的女人们就又三三两两地聚成一堆，有的好奇地四处张望，有的则是很熟稔地跟蹲在路边的小贩们讨价还价。男丁们自成一堆，离女人们远远地站着。几个主事的人拿着刚从候车厅里买来的船票，大声招呼着："大家别走散了。过来，领票。"

航班靠岸，人流一窝蜂地朝船舱涌去。船不算太大，是那种普通的机动渡船，分上下两层坐舱。也许是因为刚下过雨，船舱里的空气有些湿闷，但这一点也不影响"省亲"队伍的热情。同船的有一支腰鼓队，她们都是四十岁上下的中年妇女，穿着一身藕粉色的秧歌服，头上还戴着一顶颇为时尚的小红帽，腰间系着腰鼓。她们嬉笑着攀谈，谈话间夹杂着陌生的方言，看得荃婶和旁边的姐妹们也呵呵地笑着。

船在海上行驶了二十分钟左右，远远地，便可以看到有"湄洲岛"几个大字的白色码头，这就是妈祖的故乡湄洲岛了。船舱的人开始陆续起身，往舱门拢去。荃婶站在窗户边上，指着远处，跟旁边的姐妹兴奋地说："喏，那就是妈祖咧。"顺着她手指的方向，可以清晰地看到不远处的半山腰里错落有致的寺庙群，再往高处，隐约可见一尊临风而立的石雕像。

……

终于，拐过一道弯，山门在望。

远远望去，首先映入眼帘的是一座巍峨的古城门结构的建筑，飞檐雕栏，红墙绿瓦，双龙对峙，五个拱门并驾齐驱，彩绘石雕呼之欲出，气势可谓磅礴。相传，自宋宣和五年（1123年）妈祖开始受朝廷褒封，一直到清代，共有二十一个皇帝先后对她褒封了四十八次。从"夫人"、"妃"、"天妃"、"天后"，一直到"天上圣母"。而"天上圣母"是可以与真龙天子平起平坐的，于是妈祖庙的拱门便有了与天安门皇城相媲美的五拱门构造风格。

荃婶是妈祖庙的"常客"了。所以一进庙门，她就成了姐妹们的"马首"。她告诉同行的姐妹，按妈祖庙的规矩，进庙前，要各自点三支清香，跟在"香担"、"响头"、"响锣"后面。穿过拱门，是长长的向上伸展的石阶，在石阶下，抬头可见高处的大碑坊。

荃婶说："你们知道吗，从这第一级石阶算起，一直到山顶那座妈祖大石像，一共有三百二十三级台阶呢。"

"三百二十三？"

"嗯。因为妈祖生日是三月二十三呀。"

"哦。"姐妹们一阵顿悟。荃婶则是满意地一笑，脸上挂着小小的得意。

上了台阶，眼前豁然开朗，宽阔的广场上香火缭绕，人声鼎沸。这是平日举行纪念活动的广场，长、宽均为六十六米，意寓"六六大顺"。

往上，是妈祖庙的正殿，是妈祖庙最正中的殿宇，殿内供奉着妈祖及陪神。传说清康熙年间，清军征台得胜，全岛投诚。福建总督姚启圣奉旨往台湾颁发诏书，可是天不作美，因缺少西北正风，舟师不能准时抵台，又怕逗留诏命，非同小可。情急之中，他想起湄洲妈祖之威灵，于是行至湄洲请求妈祖，冀借一帆并承诺："事成之后，自当厚谢！"许愿之后，果得西北正风。姚总督的舟师，顺风顺水，提前一日抵达台湾，及时宣读了康熙皇帝的诏书，统一了台湾。归来之后，姚启圣履行承诺，捐资建造钟楼、鼓楼、山门，还将东边的朝天阁改为正殿，后姚启圣加封太子太保、兵部尚书，故正殿又称"太子殿"。

其实这些都是荃婶前几次来时从导游那里听来的。听得次数多了，自己也能七拼八凑多少讲出一点，尽管不甚准确和完满，可在那群姐妹们眼里，已经很是了得了。

从正殿绕左而行，便是妈祖庙的"寝殿"。寝殿中存有一尊从宋代保存至今的妈祖金身，为镇宫之宝。因此，前来此殿朝拜的人也是最多的。

:: 湄洲的妈祖神庙，护佑海内外的渔家。

:: 每年的妈祖生日,人数最多的进香客是来自台湾的信众。

钟宅 五房 二十二代 七百多户 三千八百多人

:: 妈祖庙——人们心目中的平安府。

钟宅 五房 二十二代 七百多户 三千八百多人

荃婶和她的姐妹们费了好大的劲才挤进了寝殿的大门，拥挤的人群推攘着她们，每个人都想往前再靠近点，可人太多了，每行进一步都艰难无比。绕梁的香火使殿里的一切恍惚而神秘，钟宅的女人们拉长了脖子往里瞅，也只能隐约略见案台正中的妈祖金身像。远处的妈祖娇小而慈祥，有着南方女人精巧的五官，可以想见，千百年前，那个叫林默娘的渔家女儿，该是怎样一副美丽的模样。

殿里朝拜的人或跪或立，每人举着三支香。荃婶说，人少的时候是可带六支香进殿里的，今天人太多了，怕香火太盛熏了妈祖，所以每人最好只带三支。殿内左侧还放置着一个香火钱的小柜，小柜上放着一小包一小包的米袋。每有人放入香火钱，旁边的庙官便会送其一小包米，曰“平安米”。据说，平安米是无需淘洗的，和着家里的米煮成粥饭，全家人吃了，妈祖便可保一家平安。于是知情的钟宅的女人们拼了命地挤搡过去，从庙官那里要来几包米，乐津津地放到自己的兜里，那满足的神情，似乎拿到了这包，全家老小的平安就有了着落。

十点多，钟宅的队伍都到齐了，族人们在殿门口的空地上集合。这里就是每个“省亲”队伍都要举行“请火”仪式的地方。钟宅的族人们点着香正对着殿门口围成一道弧，钟宅主事的首先进到阶前，上香告知湄洲妈祖：“厦门钟宅社的善男信女今日来此请火，请你的香火让我社一年比一年兴旺，让全村子孙平安。”随后，“响头”在庙前的大香炉上将点着的香灰用“寿金”接住，包成四方形，放在带来的香炉里，让包着香灰的金纸燃烧，熔入带来的香炉。最后，主事的人要将事先准备好的红包捐给庙里，称为“插炉”。这一切完成后，“响头”挥鞭，向妈祖告辞。善男信女在各个殿里祭拜完后，须留下几张冥钱等回到村里的庙里才烧掉，香担里香炉的香灰也要倒进村里的香炉，这样才能发炉，而同样地，在回去的这一路上，炉里的火仍旧是不能熄的。

做完了这些，女人们便分头去各个庙阁里上香了。这祖庙里除了正殿和寝殿，还有朝天阁和升天阁，有

坐着的妈祖还有站着的妈祖，足够这群钟宅女人家把所有的虔诚都奉上了。荃婶又像个导游似的，领着众姐妹们在各个庙阁间穿行。偶尔，她们一群人还会跟在别人的导游后面静静地听故事。

也许下次再来，荃婶又能说出一些新的掌故了，她的姐妹们回去后也定然会有新的话题，而在那些没出门的女人家面前，这里的见闻又足以让她们小小地炫耀上一把。

钟宅的男丁们则像是完成了一个巨大的任务，静静地散坐在庙前的回廊里，等着下午回去的船。年老的靠着柱子打着瞌睡，这一路走来，终是有点倦了。

阳光洒下，照着钟宅男女老少的脸庞。人群中，是新添了炉灰的“香担”，轻烟袅袅，蒸腾着属于钟宅的气息。山顶上，汉白玉的妈祖像依旧带着一种温柔幽静的笑意临风远眺，在阳光下显得熟悉而温暖。不知道妈祖的目光是否能抵达那钟宅湾边的家园，但看这一路满溢的轻烟，似乎已能感受得到妈祖的微笑在那个村落里的永恒存在…… ■

∷ 神像

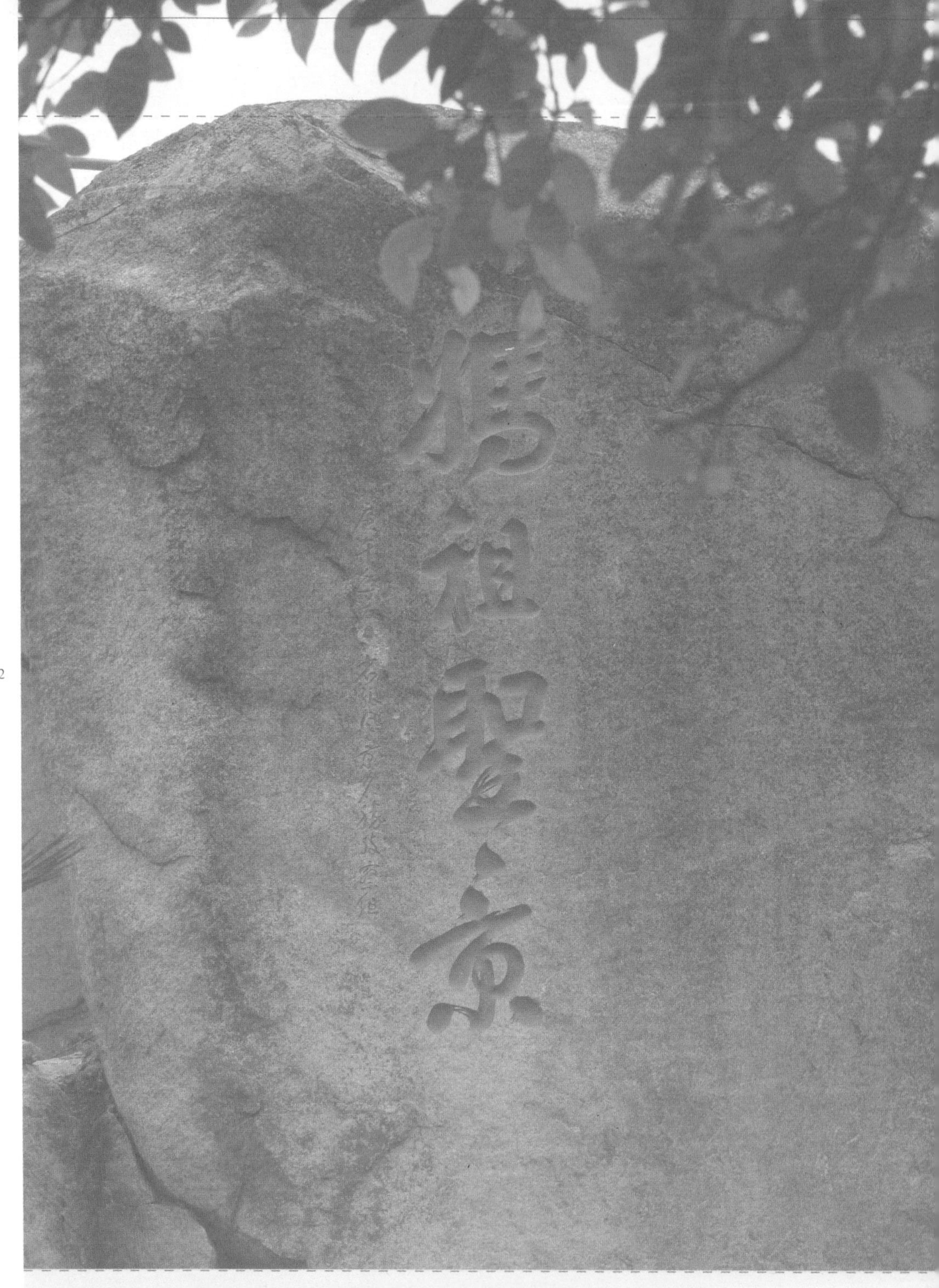

∷ 妈祖——林默娘

祖

∵ 騰騰香霧、熙攘人群、祈福平安

[illegible]愿的信众纷拥而至

∷ 百年香炉，沉积历史。

神爱國
爱鄉
庚午年秋月
盧嘉錫

湄洲媽
祖真人

∷ 千里迢迢朝妈祖，年年岁岁保平安。

◎大隐于市的土地公

在闽南，有句俚语：田头田尾土地公。意思是土地公庙的位置多在村庄后方。所谓“田头田尾”是就水流所经之前后而论，水源对农耕社会非常重要，水道蜿蜒流过聚落，而土地公庙就守在村后“拔水尾”，面向着水流的方向，意寓着不使村子的财富往外流。

可在钟宅，土地公庙却既不在田头，也不在田尾，而在村子中心的菜市场里。这在闽南一带确是少见。为何会把土地公庙安在这里？钟宅的人也说不上来，就连老人们也记不得，到底是先有庙还是先有菜市场。而钟宅人向来就不是喜欢探根求源的人，庙在哪里于他们是无关紧要的，他们只需记得，什么时候该来上香，什么时候该唱戏祭祀，这就行了。钟宅的菜市场不大，几根柱子撑起一个大屋顶，几方两尺多宽的石条拼在一起，一天的买卖就开始了。因为离得近，所以钟宅人每天买菜都是不紧不慢，不多也不少的。因为就算是要下锅了才发现菜不够，这时踱出门买个菜，再晃晃悠悠地回去，也误不了急着出门的老小。

钟宅人是不怎么出村子的，于是，这菜市便成了他们每天出门的理由。女人们走在路上，碰了面，打招呼也是：

“去哪咧？”

“去菜市看看。”

有事没事，到菜市上转转，这在钟宅似乎是再寻常不过的了。密密匝匝的案台挤在一起，密密实实的菜堆在一块，卖的人在这边，买的人在另一头，唠着家常、扯着闲话，顺便乐呵呵地讨价还价。一来二去，这菜市场倒成了钟宅真正的中心。

钟宅的土地公庙就落在这热热闹闹的人间烟火里。庙极小，只是左右及后方用几块小石条竖起，中间供奉着一尊石刻的土地公像，像前面摆一个香炉，这就是这个土地公庙的全部了。比起钟宅其他几个庙堂，土地公庙金炉、供桌一个都没有，确实显得寒碜。可这似乎并不妨碍土地公在此自得其乐。每天从这里经过，都会看到土地公庙前燃着香，也不知是谁供的几颗水果，或者是一些小糕点。因为就在菜市边，所以钟宅人买菜时也乐于顺道来拜拜；又因为地方太小，庙前又刚好是一条小道，人来人往，祭拜的人连俯身都有些勉强，所以来祭拜也就不讲究太多礼数，上一炷香，摆一些果礼就可以了。如此一来，土地公庙自然香火不断，在钟宅的五座宫庙里，可以算是香火最旺的了。

钟宅的老人们说，土地公又叫“福德正神”，是管理土地之神。在祖先留下的传说里，土地公乃是当年大禹治水时身边的一位叫张福德的得力助手。他特别了解地质，工作也非常卖力，可终因劳累过度，不幸身亡。后来，大禹治水成功，舜将帝位传给了禹，大禹为了感念张姓助手，命令全国各地建庙祭祀他。于是各地农民为了感谢张公在水利上的成就，在每地形成农庄时，会盖一小祠祭祀他，供奉为土地公。

民间对土地公的崇拜便是从农人中间开始的，因其为土地之神，能保佑五谷丰登。而此后，随着时代背景的变迁，对土地公的祭拜已不只于农人。在闽南一带，有谓做生意是收五路钱的，如地头繁盛，生意必佳，所以商人做生意，尤其是店家，与“地头”有密切的关系，都十分信仰保四境、收五路的土地公。渐渐地，由于能保人致富，土地公转化为“财神”，以至如今，不论搞渔业还是搞建筑、搞金融的还是搞地产的，大家都祭祀土地公。

还有另一说是，土地公实际上是综合了古代君主所祭“天、地、社、稷”中的地祇和社稷之神。本来天地之神，民间是不得祭祀的，大概是后来土地公由“自然神”进化为“人神”，民间才开始作为偶像来崇拜。

钟宅人自是不计较这些“说法”的。他们只是日复一日地在这里进进出出，扯着嗓子叫卖。在这一方小小的土地庙前，所有关于神明的敬畏似乎都融进了这俗世的喧嚣，融进了钟宅这汇聚所有新鲜与污秽的气息和味道里。

年复一年，依然没有人知道，这土地公庙为何会建在这里。不过，钟宅人说：他们相信，神明们的每一个选择都是有道理的，也是不可违逆的。

也许吧。从人到神也好，从神到人也罢，钟宅的土地公只不过是选择了一种最为亲近人间的方式。在这里，神祇的耳朵可以听得见尘世中的任何一声低语；而来自天庭的神祇，也只有落脚于如这般之俗世，方能获得真正的生存空间。■

:: 土地庙前群像

◎ 钟宅五宫庙

钟宅村里有五座宫庙，它们是：

——王公宫（王公生日是农历二月十五），王公生前是个医生，专门给人家看病，做了不少好事，去世后被皇帝封为“护国尊王”，是专门保佑民众平安的神，凡是与健康相关的事情去求问，一般都很灵验。每四年一度的民俗节“请王礼节”就是在王公宫里举行的，请的王不是王公，而是另外的王爷（也叫大厅爷，大厅爷是用纸糊的纸人），这三位王爷分别是大王白面、二王红面、三王黑面。这三位王爷的来历很特别：很久以前，有三十六个进士被杀害在地洞里，其中有一位是太子，后来皇上将他们都封了王。这三十六位王爷分别被闽南地区的村民祭拜，有的村庄就有五位，钟宅是三位。

——相公宫（相公生日是农历二月二十二），也叫保安殿，相公生前是武官，去世后被封为“功德尊王”，专门保护村庄，制驱邪气。相公宫的旁边广场经常有木偶剧团来演出，四五个人组成的木偶剧团，演出的基本上是古装戏，用闽南语道白。老

人或孩子观木偶戏经常会忘记回家吃饭。

——妈祖宫（妈祖生日是农历三月二十），有的地方也叫天妃宫。沿海的渔村一般都有妈祖庙，妈祖是江海女神，叫林默娘，也有叫林默的。妈祖生日前，宫委会要组织族人去湄洲“请火”，人数最多的一次达到近五百人。

——佛祖宫（佛祖生日是农历六月十九及九月十九），也叫澜海宫，钟宅人俗称观音庙。祖先来时就有这座庙，是万事皆通型的，求卜什么都可以，也都灵验。佛祖宫外有大戏台，每逢佛祖生日及村内或族人喜事，经常会请歌仔戏、高甲戏、芗剧剧团等来演出，妇女对《陈三五娘》情感最笃，每每落泪不已。

——土地宫，虽然是个不大的小庙，但因为建在菜市场里，人们来来往往，所以香火极盛。

在钟宅最神圣、阔大的是祖厝，每年清明，长房、五房的子孙因找不到祖墓，就在祖厝里“大吃”一次，族人聚会或商议族内大事，族中家长也都选择在祖厝的永思堂举行。■

:: 闽南古厝屋脊上的精美雕饰

日

◎"王船"里的图腾

十月的钟宅湾,南国的最后一缕湿热还徘徊在浮屿之间,当市中心的人们依旧行色匆匆地过着波澜不惊的日子时,这座城市边缘的最后一个部落迎来了自己的狂欢节。

相传,宋元年间,因朝野纷争,三十六位进士被秘密杀害于闽地。暴乱平息后,为抚冤魂,皇上

:: 王船出巡前，诸王爷备受尊崇。

一一为其封王，并将这三十六位王爷分给厦门周边的百姓伺奉。钟宅因此分得三位。数百年过去，王爷们的灵魂早已得到安息，然而，祖祖辈辈的祭拜传统却一直保留了下来，成为钟宅民俗文化的鲜活图腾。

>>

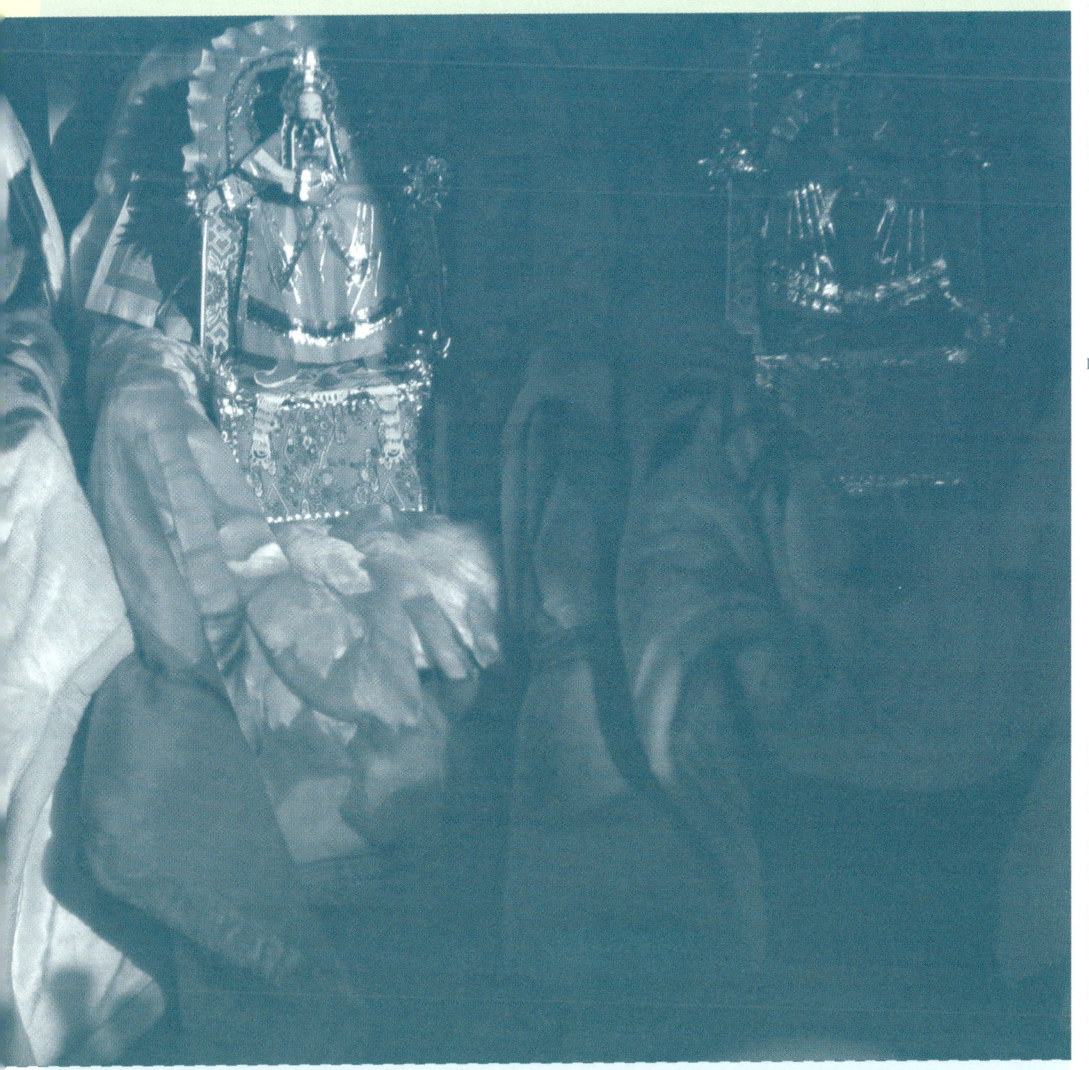

>> 圣杯的权威

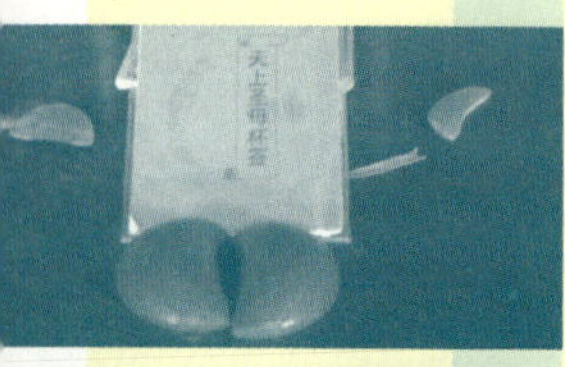

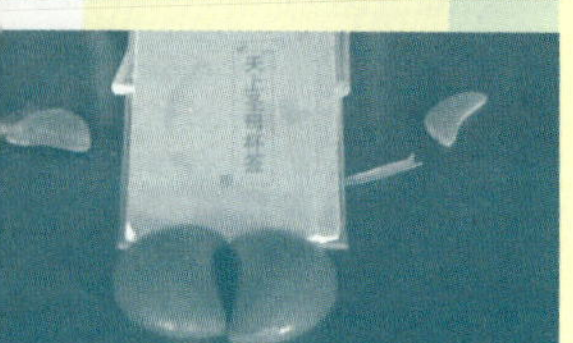

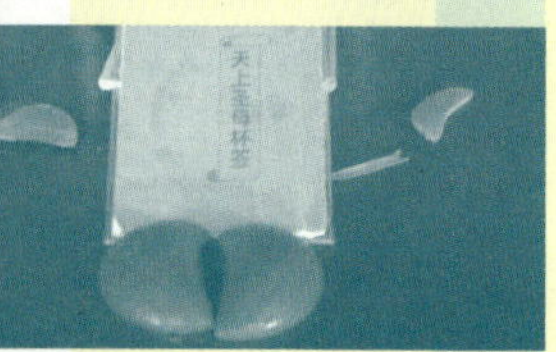

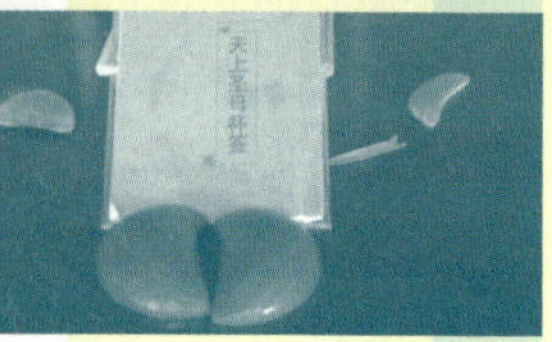

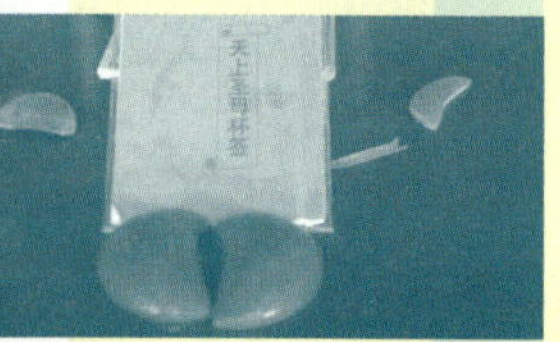

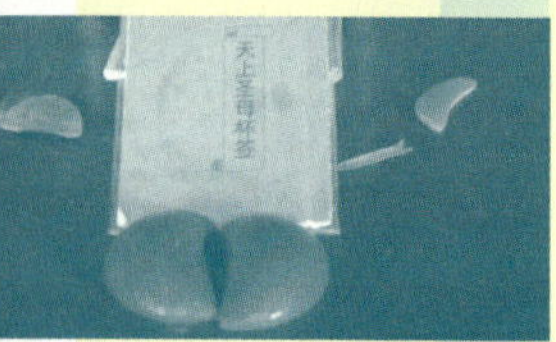

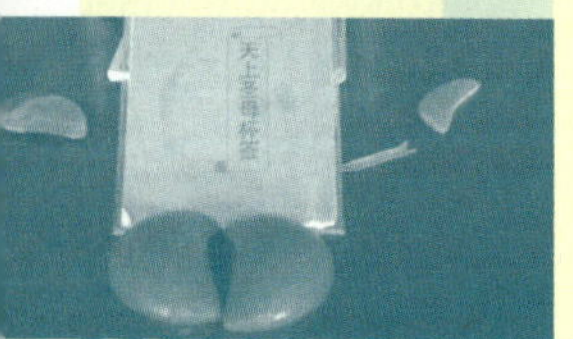

:: 圣杯，闽南特有的占卜器物。月牙形、红色、木制，一面凸起，另一面平整。钟宅人用圣杯来预测，决断事情的好坏或做与不做。圣杯一反一正，表明佛祖同意；两个正面，为佛祖不同意；两个背面为“笑杯”，是佛祖让你重新来一遍的意思。

靠海的佛祖宫里挤满了族人，身贴着身、头探着头，大家屏住呼吸，眼睛盯着那抛下又拿起，拿起又抛下的圣杯。

一身黑衣的长老说：“禄仔上！”正在人后的禄仔赶紧地挤到人前。长老们宣布：“十杯为核！”禄仔在众人及长老的注视下，虔诚地掷了圣杯十次；禄仔的女人则跟在自家男人身后，默默地、紧张地数着圣杯掉下来的卦数……随着众人“啊”的那一拖得很长的惋惜声，禄仔怏怏地退回到人群中。

长老说：“阿茎上！”阿茎抖了抖衣襟忙挤了过来。长老们照例宣布：“十杯为核！”阿茎撮了撮手掌，口里默念着咒语，更加虔诚地把握得有些汗津津的圣杯掷下十次。

“四卦……五卦……六卦！阿茎—七卦！”宫庙的长老一边拉着长音，一边用笔记下茎的卦数。茎婶轻轻地吁了一口气，脸上稍稍有了一点笑容。

这天，茎婶一大早就醒来，她半依半就地靠在床头上，还想着那夜里的梦……茎婶把身边依然是鼾声大震的男人推醒。

“昨晚，我梦见王爷了！王爷跟我说，要我们家记得去送他。你说，王爷是不是想让你今年去当头家呀？”阿茎半睡半醒地转过身对茎婶说，“去年我们可是没有博上呀，要不，我今天就再去掷一下杯看看。”

佛祖宫里掷圣杯，是钟宅族人为送王船而选头家的重要步骤，每次族人要推举出三个头家来，凡是想做头家的族人，以掷圣杯的多寡来定夺。听钟宅的人说，圣杯好神奇呦，每次的大头、二头、三头都有人掷中，而且都不重复，好像冥冥之中早已注定。

阿荃与荃婶来到佛祖宫的时候，这里已经聚集了不少男人和女人们。钟宅这几年经济好转，大家的口袋也有点鼓囊，族人们笃信，定是上天保佑的结果。所以，不管赚了多少钱的都信这道儿，这样钟宅的"好事"也是越做越大，而头家出的钱自然也是越来越多了。这会儿，佛祖宫里聚在前面的尽是那些比较富足的人家，来的人对当选头家也都充满了期待。

荃婶她心里想，既是王爷托梦，自然没有不中之理；但她又担心丈夫马虎，不小心丢了卦数，遭王爷怪罪。阿荃当然知道荃婶的意思，他冲她点点头，收敛起刚才还在跟老哥们儿寒暄的表情，肃然地挤进人群。

……

一个小时后，卦数的排名出来了，大伙都屏着呼吸，等着长老们的宣布：长老们走到佛前，三叩首，对着佛祖高声念："庆叔九卦，标叔八卦，荃叔七卦。今年'好事'由这三人当头，请佛祖首肯。"长老掷下最后一道圣杯……

钟宅人管民俗节叫"做好事"。在钟宅，"好事"就是喜事、过节的意思。"做好事"四年才一次，对这个向来悠闲自在的畲族部落而言，这四年一次的"好事"可算是一件大事了。在这里，一提起"做好事"，每个人的眼里会闪出一道亮光，特别是那些亲历过的人，眼神里更是充满激动和兴奋，甚至是一丝骄傲。但是，如果你不曾从这里走过，不曾看到过钟宅的这场"好事"，你就永远不会明白那一抹骄傲的来处……龙年和猴年是"做好事"的大年。

2004年是农历甲申年，卦上说是上上年。农历四月，刚唱过平安戏，宫委会的长老们便忙着选定吉日，召集村里一些有钱的、有名望的人去佛祖宫掷杯。

圣杯一正一反，佛祖同意了。

人群中一阵骚动。荃婶一听到自家男人当选了，脸上笑开了花，随即双手合掌，对着佛祖默念："多谢佛祖成全弟子。"

……

几天后，由大头家拨卦，以圣杯为决，选定农历十月十五过后的一个双日为是年"好事"的确切日子。

进入八月，心急的钟宅人就已经开始忙碌起来了。用钟宅人的话说，"八月安嵌，九月造船"。所谓的"安嵌"就是将一块红布绑在嵌上，插一对金花，将嵌放在椅子上，那椅子任何人都不能坐。安嵌完，家家户户要煮汤圆到庙里祭拜。一碗碗的汤圆挤满了佛前的小桌，不同的碗，不同的色泽，那汤圆的甜香就这样轻轻地溢满了整座庙堂。 >>

>> 从“造船”到“造王船”的老人

造船是“好事”中最精致的过程。钟宅人认为，王爷四年要外出巡游一次，方能保钟宅的风调雨顺。因此，每四年，钟宅人都要为王爷造一艘“王船”，备足柴火粮油，以利王爷出巡。

想来，这“王船”在“好事”以及整个部落族人心目中该是怎样一个重要的地位。于是宫委会议事后决定由襄伯承担这份神圣而细致的活儿。

襄伯在向我说起“王船”时，脸上有掩饰不住的自豪。“我以前只是造船——造那种在海里航行、捕鱼的船，从来没想过，有一天我会去造王船。”

很多年前，当钟宅的码头在厦门远近有名的时候，码头边上就有了船坞。钟宅的船坞曾经造过很大的渔船，还为往来于厦门、金门、潮州及台湾之间的渔船修修补补，那时的船坞在当时的厦门算是颇具规模的。1949年后钟宅船场造的主要是客船，有木船也有铁船，就连鼓浪屿那轮渡码头也有好几条船是钟宅造船厂造的。那时的襄伯是船场的员工，还称不上是师傅，但襄伯伶俐聪明，几年间，眼、手、脑一并用上，就把造船的门道瞧会了个五六分。只可惜，后来因为修建海堤，钟宅湾的避风港没有了，船没了避风港，钟宅的造船厂也只好解散了。

也就是1982年，襄伯开始转入研究古建筑了。起因是村里的宫庙在“文化大革命”时全被毁了，所有的宫庙都要重建，可是村里没人有这方面的知识。族人们觉得襄伯是个懂技术的人，所以就把设计庙堂的任务交给了他。就这样，在族人们的期待中，襄伯开始了他人生的第一次房屋设计。襄伯凭借着早年学造船技术时的观察力和分析力，再加上与生俱来的悟性，“白手”设计出了村里的五座宫庙，其美观和牢固程度在当时亦可算是胜人一筹。从此，他对古建筑的兴趣便一发不可收拾。

多年后，村里“做好事”，要造艘大的“王船”，族人们第一个便想到了襄伯。襄伯说，当时，他还有些犹豫，毕竟造王船是件神圣的事，他知道这王船在钟宅人心中的分量，更知道这份工作的分量，是宫委会的长老们给了他最后的信心。长老说：“你就把‘王船’当‘船’来造，驶得了港也定能驶得出海。”于是，襄伯一咬牙，硬是扛下了这个艰巨的使命。

早年间“做好事”的“王船”既没有任何图纸可以参照，也没有一张图片可以借鉴，襄伯只能根据长老们描述的轮廓和“规矩”再次“白手起家”。襄伯说：“那几天，走路时想的是‘王船’，吃饭时想的是‘王船’，连睡觉做梦想的也都是‘王船’。”就这样，他在煤油灯下熬了整整七天七夜，凭借自己的经验、想像，绘出了一张新的“王船”设计图。

眼前的这张图纸已经有些泛黄，但平平整整的页面里依然清晰可辨主人当年画下的每一条粗细的线和每

:: 色彩艳丽的“王船”准备启航

一处小小的标注。襄伯说，“王船” 长七米，高十四米，每一个细节都是由真材实料镂刻而成的。船形有些像明朝的官船，船上设有官厅、回廊、前舱和后舱。“王船”要用两立方米左右的杉木为原料。襄伯指挥二十几个工匠，先是把原木刨光，然后是在龙骨上用长钉把杉木板钉起来，船头、船尾、中仓、桅杆、帆，这样一艘“王船”就基本上有模有样了。接着工匠们再在“王船”上雕凿、绘画、镂刻，最后是上漆。整整二十天里，襄伯和工匠们在宫庙里披星戴月。吉日吉时，宫庙门洞开，“王船”缓缓地驶出来，两边与庙门也就差十公分。大“王船”船头悬有狮头的面具，面具下面挂着两个红色的灯笼，上面写着：代天巡狩，甲板上立着回避、肃静的官牌，船尾则绘有白龙、青龙的图案，蓝色的船帮上满是花草的图案。王船上插着五色旗帜，旗帜上写着：腾蛇、蛟阵、玄武、晋龙。当这艘五彩、艳

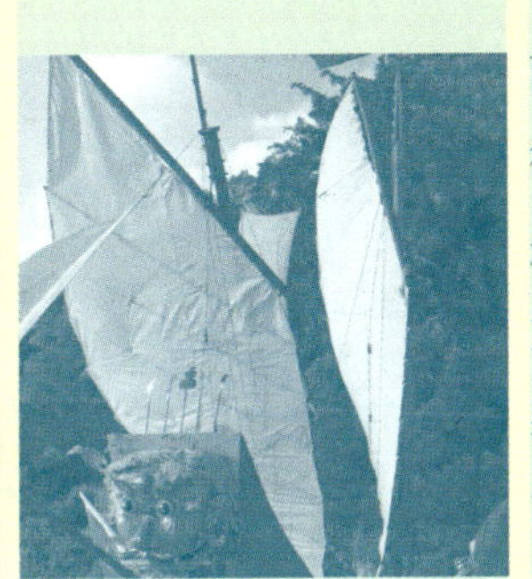

丽、壮观的王船立在族人们的眼前时，族人们激动得热泪盈眶，族人们由此沸腾起来，他们引导着王船在村子里巡游，热情的族人围着王船舞狮、舞龙，焰花起处欢呼雀跃不断。

襄伯说，我那时就只有一个念头——我终于为我的族人们、为我们的祖先，造了一艘自己的“王船”了！襄伯说，船上是空的，族人们把想像的东西都放在了船上，有：纸糊的人，有纸糊的戏台，还有纸糊的士兵。船上还配有管粮官、厨师、开道兵，以及一些细细碎碎的账本、算盘、尺子、剪刀、镜子、刀子等等。

“王船”最引人注目的莫过于高高立起的三根长短不同、方向不同的桅杆了……别小看这三根桅杆，最后烧“王船”时，三根桅杆会相继倒下，而最后倒下的必定是中间最高的那杆。钟宅人相信，只有等到这根桅杆倒下，“王船”才算真正出航。

这么大的一艘 “王船”究竟是在怎样的火焰里一点点消逝？那远行的“王爷”是载着怎样沉甸甸的希冀驶向漫无边际的彼岸？而在这场狂欢里又寄寓了多少族人对城市逼近，及部落渐渐消亡的激动与惋惜……

在造船老人深遂如海的目光里，我只能透过“王船”，捕捉那些在记忆中一点一点活过来的画面。

>>

∷"王船"船头的狮面像——威武、神勇。

>> “王船”巡游

“做好事”的前十二天，要先安“大厅爷”。大厅爷是用纸糊的人，法师念咒请神附身在纸人上，用鸡冠上的血，点大厅爷的眼睛，据说这样神明才会耳聪目明。从那天开始，头家和长老们就要筹备做好事的东西，当头家的每天轮流着煮甜蛋汤和冬粉肉、水果祭拜大厅爷。还要准备三套日用品（毛巾、牙刷、牙膏、脸盆等），每天要提水、换水。从这天晚上起，佛祖宫边的戏台要天天鸣锣开鼓，而每当夜幕降临，幽幽咽咽的古音弥漫在钟宅的街巷间。一吃过晚饭，老人小孩、男人女人们便挟了小凳，相互招呼着往戏台方向去了，于是，“好事”的气氛便在这咿咿呀呀的古乐中一点点滚热了起来。

“好事”的前三天，船要“下水”了。这天的一大早，数十个年轻小伙子要齐力把造好的巨大“王船”抬出了佛祖宫。法师、长老和三个头家要前往佛祖宫里拨卦，选定一个方向，到离这个方向最近的井里提水。然后由三个头家将取回的水倒入水缸，将船锭放在缸里。

当天下午，宫委会还要组织族人用轿抬着菩萨沿村子的大路游行。几家人聚在一起，在村里较空旷的地方或大街上，摆上几张桌子，放一些水果、糕饼和寿金，等着那巡游的菩萨到来。远远地，听到锣鼓声传来，祭拜的人赶紧点上三炷香，朝香炉的方向鞠上三个躬。当菩萨从桌前经过时，抬轿的人会围着供桌绕一圈，场地宽的，轿夫会把轿使劲摇晃（称撵轿），哪顶轿能够摇得最厉害，抬轿的人也就最有面子。轿儿晃，人儿乐，一阵阵的喝彩和欢呼声，映得每个钟宅人的脸上都喜气洋洋。

撵轿的总是男丁们，而女人们也没有闲着。提早几天，家家户户的女人们就忙开了。她们开始蒸甜糕和咸糕，几家几户共用着以前烧火的大灶台，把大铁锅往上一架，“呼呼”的火苗就在钟宅的各个角落蒸腾起来了。做甜糕很讲究，老人们说，要先把糯米提前一天浸泡，过天碾碎，用布袋子装好，回家后用石头把米浆的水挤干，再把米浆和糖混合搅拌均匀，放到蒸笼里，在四周架上用竹片编的糕围，等锅里的水烧开后，才能把蒸笼放到锅上。而咸糕是用硬米做的，同样的浸泡，碾碎，挤水，不同的是咸糕的作料里有肉、小虾米、香菇、红萝卜或南瓜，拌在一起，加上调料和一些地瓜粉。钟宅的媳妇们说："这样做出来的糕才会Q。"制作的繁琐有些令人却步，可是一想到"会Q的年糕"，忍不住又对着那烟火升腾的蒸笼三咽口水。

眼看着"做好事"的日子一天天近了！

清晨，天刚蒙蒙亮，整个钟宅就醒来了。女人家早早地又在门口摆好了供桌，家家户户的人几乎都挤到了自家的大门边，密密地把整条街站满了。老人们把平时摆在院子里的椅子也往门外挪了挪。

隔着街有人在问对面的："今年几点呀？"

对面有声音回过来："好像说是九点十分吧。我看到咱这儿也要十点了。"

有人一看表，才九点，想来还有大半会儿。于是，又缩回屋里，先忙手头的事去了。老人则依旧悠闲地守在街边，小孩子则不时地蹿到马路中间，或者跑到前头再一路跑回来，蹦到老人跟前叫着："快了，到前头了。"

一下子，屋里的人像得到了什么指令，倏地又全跑了出来，街上的热闹凝成一团。

这一头，长老和头家们一大早就到佛祖宫里把大厅爷请到了祖厝，安放在祖厝的北面。九点十分，吉时一到，身着黄黑法袍的法师吹响号角，震天的锣鼓响起来了，船锭从大水缸里被抽出，桅杆立直，白帆扬起，钟宅人的"王船"浩浩荡荡地出发了！

二十个老人拿着绑了红绳的扫把走在队伍的最前边，边走边扫，为"王船"前行扫除障碍。紧接其后，是三只活蹦乱跳的"金毛狮子"，舞狮的小伙子拿出了看家本事，神气活现地摇头晃脑，空翻、腾跃、叠起抱拳，项间的铃铛叮叮咚咚，在锣鼓声中显得分外清脆。

三个头家挟着妻儿老小走在舞狮队后边，和大头家、二头家们一样，荃叔和荃婶今天也穿上了鲜艳的唐装，一脸的毕恭毕敬。荃婶走在自己男人身

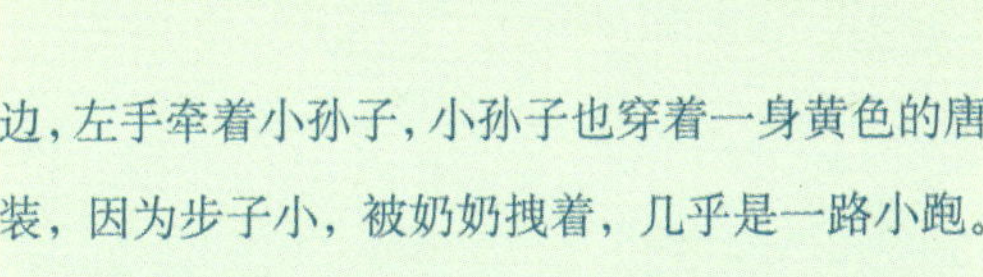

边，左手牵着小孙子，小孙子也穿着一身黄色的唐装，因为步子小，被奶奶拽着，几乎是一路小跑。锣鼓队、腰鼓队显得更加兴奋，打鼓的人儿把腰杆挺得笔直，鼓槌高高举起，落下时，震天的轰鸣使节日的钟宅更加热气腾腾。“王爷”出巡，“菩萨”们也来凑热闹了。锣鼓队前面，是钟宅五座宫庙的菩萨轿骑，菩萨们掀开了半边的轿帘，羞怯怯地露出了半边的脸，看着轿外挤成了一堆的钟宅人。

最壮观的当然还是钟宅人的“王船”。“王船”坐在安上了四个轮子的板车上，“王船”在众人的牵引下缓缓驶过钟宅的街巷，桅杆间的小彩旗在风中轻轻飘舞，鲜亮的漆纹在阳光下折射出耀眼的光，直立的桅杆向着天空伸展，把巨大的船身扯得愈发张扬，更显得气势非凡。两条蓝白相间的青龙蜿蜒其后，龙头上下翻舞，仿佛偶尔露出海面的海上精灵。一大群随香的信众排队走在队伍的最后边，他们各举着三根香，慢慢悠悠地，一路随着“王船”走来。

“王船”沿着环村路缓慢前行。家家户户、男女老少都从各个门里涌出来，挤满了“王船”经过的街巷。女人们在自家门口摆好供桌赶紧焚香祷告，祈求将“王船”的福气引进家门。工厂门口，也有厂主摆香案祭拜，菩萨的轿就抬了进来，绕过厂区一圈；三个头家腰鼓队是一定要进去的，族人在头家的院子里一阵欢腾……

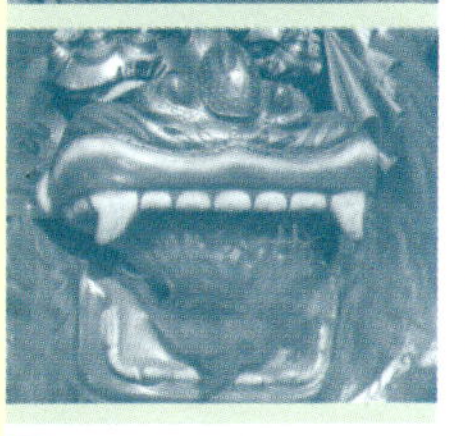

"王船"巡游中的"采莲"

::“王船”巡游前的舞龙队（本图由钟宅村委会提供）

信众如潮，簇拥着“王船”巡游。（本图由钟宅村委会提供）

∷ 欢快的人群迎送“王船”(本图由钟宅村委会提供)

:: 随“王船”出海的纸人、纸马。

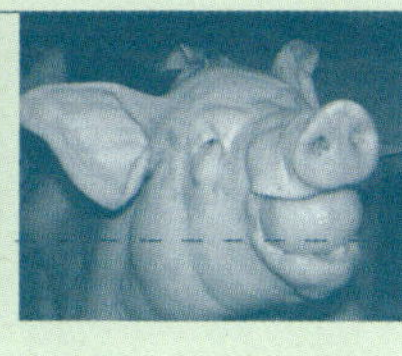

临近下午一时，“王船”最终开到了祖厝，泊在围墙北边的空地上。这时，轮到厨师们大显身手了。在祖厝的中庭，大头家在中，二头家在北，三头家在南，三个头家各自请来了厨师，为自家摆起了“食桌”。长长的食桌从祖厝的案前穿过中庭，一直铺展到前厅，十几米长黄布上摆满了各种新鲜的供品。各式各色的发糕、甜糕、咸糕，煮得粉嫩的全猪、全羊，包装精致的高级烟、酒，还有用布袋装的米、用红线捆的柴、用土罐装的红糖或花生、黄豆、盐等等，大大小小寿金折叠成各式的莲花、元宝状，衬得食桌分外鲜亮。每位厨师都拿出看家本领，在菜肴上雕龙刻凤，塑出各种动物的造型。女人们忙着杀鸡杀鸭，男丁则去帮着师傅把屠宰好的猪或羊抬回家，每头猪都有三百多斤重，肥肥滚滚，象征着圆满生活的滚滚而来。临近夜晚，食桌四沿各色的彩灯亮起来，一眨一闪的，整座祖厝香火缭绕，灯火辉煌，预示了这将是一个属于钟宅人的不眠之夜。这一夜，钟宅人在祖厝里进进出出，角落里的大锅也“哧哧”地响个不停，一轮一轮的菜端上来，密密实实地挤满了长长的食桌。男丁们从自家搬来桌子和矮凳，在祖厝的永思堂泡起了茶，女人们吆喝着进进出出，相互询问着该准备的牲礼，孩子则在祖厝前的空地上四处奔跑，放几颗零星的鞭炮，不时地给这个不眠之夜投下几许惊乍。

及至第二天的凌晨。长老们和三个头家早早地就到了王公宫。钟宅的三位王爷们就“住”在这里。今日是“好事”的正日，头家们首先要将三位王爷请到祖厝。依旧是选定了吉时，大头家、二头家、三头家从法师手中郑重地接过了王爷像，分别是大王白面、二王红面、三王黑面，他们小心翼翼地把王爷安放在铺着毯子的太师椅上。随后，道士作法，在祖厝里做照，请天上的神仙下凡来参加盛会。

三位王爷一驾临祖厝，信徒们就可以开始祭拜了，族人们从各家涌到祖厝，献上最好的祭品，年糕、咸糕、发糕、红粿、鸡、鸭、鱼、酒，好吃的是应有尽有。另有寿金，十二个小米袋、十二个土罐、十二捆用红丝线绑就的松枝小木条。祭拜时，族人们连桌带东西整个都从家里搬过来，祭拜和观看的人挤满了祖厝前的广场，因为人多地方小，大大小小的供桌把祖厝的广场铺得密密匝匝，后来的人家只好见缝插针，好为自家也挤出一块地方。实在挤不下地方的，只好等前面一家拜完了，再赶快把祭品放上。就这样，一轮接一轮，全部拜完花费了近十个小时。族人们祭拜后，把祭品挑回家，有杀猪、杀羊的要赶紧请师傅来家里剥骨（就是把猪、羊进行切割，分成一小块），除了留下一部分招待客人外，其余的分给亲戚朋友。

>>

:: 烧“王船”

>> 烧不尽的满船希望

在不知不觉中又到了晚上十点多。南边戏台的戏唱罢，长老们赶紧组织人把族人添载的东西放到王船上。一袋米是送给王爷吃的，一捆捆的木条是做烧火之用的，纸钱是给王爷买东西的，土罐里的糖、盐等则是出巡的生活用品……

随着法师的一声长啸："吉时到！"三个头家各捧着一位王爷，依次走出祖厝，长老们则请出大厅爷上船，四位"爷"被请到船上。长老们从村里选出一名德高望重之人，坐在王船顶端的座上负责掌舵。在震天的锣鼓声中，两张白帆缓缓升起。

"王船"要出海了！

法师和彩莲走在最前头，"王船"次之，三个头家紧跟其后，最后便是随香的族人队伍。大家每人手拿三炷香，神情严肃，沿着海堤护送"王船"往海边走去。夜幕中，鼓足了风帆的"王船"像一条巨龙缓缓向前，四周点燃的香像漫天飞舞的萤火虫，一闪一闪，蜿蜒数百米……

到了海边，由法师选址，"王船"泊在一个空旷之地。船上的人退下来，法师围着船身默念咒语。此时，一麻袋一麻袋的冥钱送上来了，呼啦啦地围着船身铺了一地，有两尺多高。只见法师长袖一挥，三个头家举着火炬上前，三鞠躬，然后分立在船的左前、右前和船尾，只听“呼”的一声，火光瞬间沿着船身四周的冥钱燃了起来！

也就在那一刹那，随香的族人齐刷刷地在船身一侧跪下，将焚香举过头顶，低头默念，祈祷王爷平安出海，以佑钟宅风调雨顺。

一个多小时过去，后面的桅杆倒下了，人群中一阵骚动。海风吹来，冥纸欢快的烧着，船身在火苗的包围中渐渐变得通红。熊熊的火光照亮了深夜的天空，风把火苗吹得老长老长，似乎要把周围的海水也一起煮沸。冥纸的灰烬在风中扬起，漫天飞舞，燃烧的白帆则把长长的火苗抛向了空中，舞出一道道光弧。

跪着的人们凝视着燃烧的“王船”，若有所思。男丁们默默地注视、观望；虔诚的老人和妇女们直直地跪着，合着掌，无声地祈祷；年轻人则零零散散地坐着、跪着……火苗像眼里舞动的精灵，映着他们的发红的脸庞，无数的期待与梦想闪烁在他们亮晶晶的眼神里随着火苗的消长一点点鲜活起来。

……

随着“嘎吱”一声巨响，正中间的桅杆倒下了，人群中一片欢呼。

“王船”出海了！■

◎ 畲族人的婚礼：磕过头你就成人了

“磕过头你就成人了！”志鹏的母亲抚摩着志鹏的头说。

“阿母，”志鹏有些激动，也有些迷茫地看着母亲，“你也别太辛苦了！”

“哎，阿母这是高兴，兴许能把你阿爸的病冲好些呢？”志鹏母亲的眼神里隐约着期待。庭院里，一盏大大的碘钨灯，把个狭长的院子照得雪亮。来贺喜的族人络绎不绝，有送红包的，有送贺礼的，角落里几个族亲在准备明天酒席用的鱼虾。

钟宅畲族人的婚礼与北方有几大不同，一是时间要在午夜，上半夜新娘被接到夫家，一直要到午夜拜堂的时候才能出来；二是拜的对象很烦琐，除父母、天地外，另外还得去古厝拜祖宗；三是供品复杂，也有很多讲究；等这些要拜的都拜完了，天色已经微微明，新郎、新娘要出门去亲戚家回礼，邀请族人到家里吃喜宴。中午的喜宴一般宴请的是同一房、同一角落的族亲，每一户出个代表参加的宴席，族人们陆续到新郎家来吃的饭是流水席，随来随吃；晚上则是近亲的家宴，叔、侄、外甥、聚在一起。

志鹏的新娘子是龙岩人，在钟宅的幼儿园当教师，因此志鹏晚饭后到龙岩把新娘子接回来时，已经接近午夜了。

要拜堂的地方就在志鹏家的客厅里，八仙桌被蒙上了锈着花的红布，桌上整齐地摆满了供品。这供品跟北方婚礼用的供品有极大的不同，它们也都

∷ 祭祀品——红粿。红粿为面粉蒸制而成，里面包有花生和糖做的馅，表面压有龟纹图案。

有着自己所代表的意思：十二碗红汤圆，十二是地支的整数，也是十二生肖的整数，它代表着完整，即圆，红色代表喜，汤圆代表团团圆圆，夫妻永结百年。鸡，传统喜庆只有鸡才能上得了桌，所以闽南用鸡而不用鸭，说是吃鸡可做万年夫妻。祭也叫发祭，在北方叫年糕、发糕，也是拜神的一种常用食品。这些东西是为了献给摆在家里的神。在钟宅的畲族婚礼中，最大的是神而不是家长，神主宰着人的一生，所以举行婚礼时，他们先拜家神而不是先辈高堂。

三叔的婶娘准备好十二碗红汤圆、鸡和红粿后，婶娘示意新郎、新娘可以出来拜堂了。

红装紧裹的新娘在西装革履的新郎的引领下，羞答答地从楼上走下来了，她朝着所有的人笑了笑，笑容里藏着的是不可分享的甜蜜。含情脉脉的眼睛，一舒一展，电力十足，回眸一笑后赶紧又低下去，有点意犹未尽之感。新娘红润的嘴唇，光滑的肌肤，苗条的身材，浑身上下都显示着迷人的气质。怪不得钟宅的小伙子说志鹏娶了最美的外来妹呢！

新郎、新娘双双在供桌前跪下，婶娘拿起一把梳子，轻轻地先梳过新郎的头，然后再梳新娘的头。婶娘

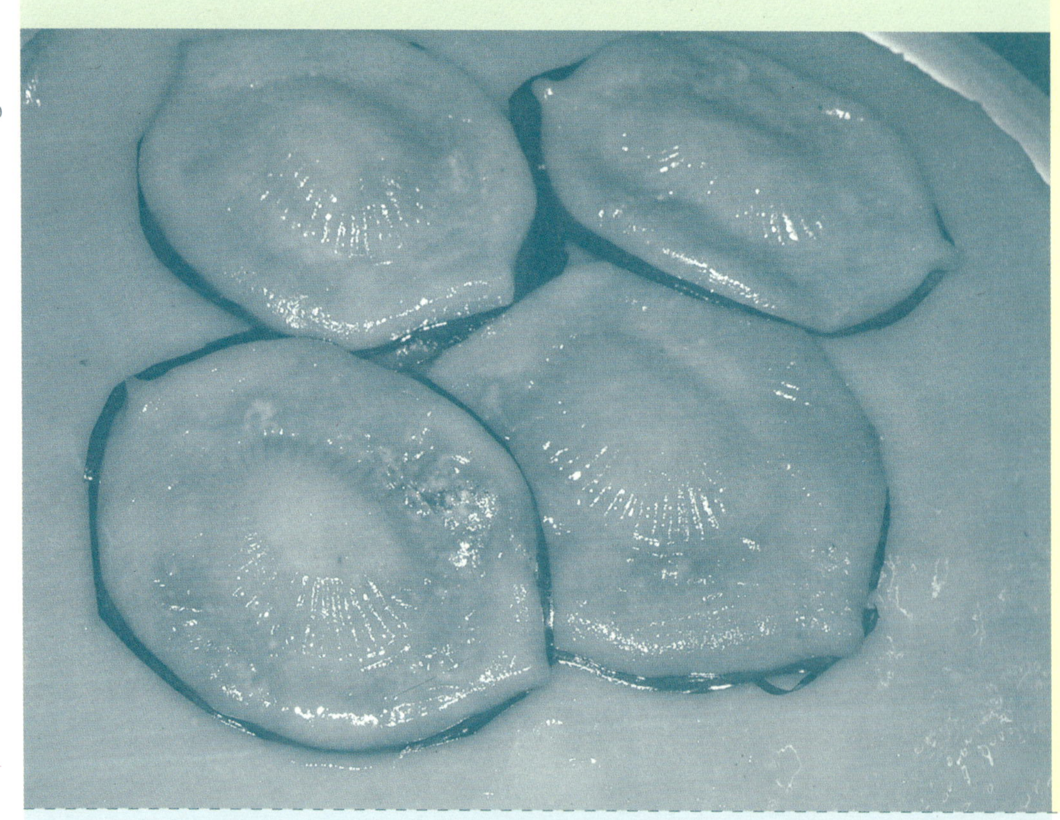

一边为他们梳头一边念着："一梳万年夫妻……"婶娘为他们各梳了四次头发，这是代表他们草头结发、一夫一妻，从此永结连理的意思。

梳头——这是婚礼中最重要的仪式。

在钟宅，还没结婚的男女在家长和神面前都是孩子，男女只有结婚后，才能成为完整意义上的大人，由此他们也就开始负担起家庭的重任，钟宅畲族婚礼梳头的仪式有如古代的弱冠之礼，是一个人成熟的标志。

"嘿，怎么不见伴娘呢？"

"新娘是龙岩人，家里的伴娘哪里来得了。"

"人家大户人家结婚都会有伴娘的。"凑热闹的女眷们小声地议论着，生怕被人听到。

"诶，怎么都没看到阿伯呢？"

"哦！他还在房里呢！身体不好还没出来！这次志鹏结婚也是因为这个缘故的，想冲一冲。"

钟宅畲族的习惯，孩子的婚礼一般是由家长夫妻共同操办的，要是长辈病重，其他的长辈就会要求年轻人赶紧结婚，以备不测。这样一来是为了给重病的家长冲喜，一来如果真有不测也可以了却长辈心中的夙愿，看到自己的孩子已经成人、成家，他们就可以安心地走了。

新郎、新娘的眼神时不时地注视着婶娘，希望得到她的指导，这是他们人生中最激动、最紧张的时候，是千万不能出错的。

婶娘点了四支香，她站在神像的面前，咕噜咕噜地讲着："妈祖婆、佛祖啊、众神明，今天志鹏结婚……"她是在向家里的众神告知孩子结婚的

事情，请求他们出来为孩子主持婚礼，请求他们为孩子的婚姻祝福。

那香插在香炉之后是要等一会儿才能进行下一环节的，这是为了让家里的神有点准备的时间，或者是等待神的奴才去通报神……过了一会儿，媠娘可能意识到神已经准备好了，就叫新郎、新娘跪在神的面前。他们跪的地方早已准备好一张草席，草席的中间还画了一个红圈。婚礼上所有要行跪拜礼的仪式都会在这张草席上进行。草席是中国传统生活中最基本的物质，也是一种典型的中国文化的符号，跪在草席上意味着新人以后就可以同睡一张席子，红色代表喜庆，圆圈圈则是团团圆圆的意思，人们与神都希望这对夫妻永远团团圆圆。“跪下去，拜一拜，别乱动！”志鹏小声地对新娘耳语着。

就这样，他们成了真正意义上的夫妻，他们也真正长大了，神和父母是他们结婚的见证人，他们以后所做的事情都不可以违背今晚的诺言。

接下来的事情是新人以新婚夫妇的名义祭告众神和祖上。

说起少数民族的婚礼，总让人想起电视画面上那部落里男女结婚的热烈场面。肃穆的图腾、冉冉的篝火、别致的服装、精致的帽子、动感的音乐、疯狂的舞蹈。那场面，有部落的野蛮，有野蛮中的纯真，有纯真中爱情的甜美。在钟宅，或许再也看不到那种热烈的场景了。钟宅畲族在与闽南人、闽南客家的交融中，吸纳了很多新的元素，因此形成别具一格的、也是惟一的民俗风格。　>>

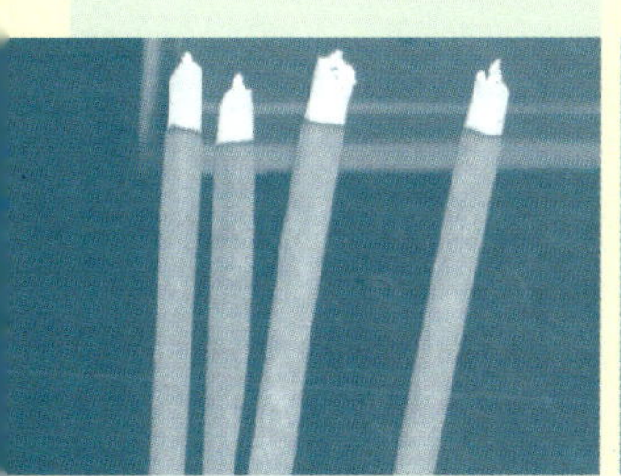

:: 闽南发糕。与“发”谐音，寓意发财。

志鹏他们新婚夫妇首先要祭拜的是众神之神。在闽南地区也叫做拜天公。在钟宅，凡是有重大喜庆都得先拜天公，因为家里得喜都是天公保佑和赐福的结果。天公是天地之间最大的神。在拜天公的同时也夹杂着祭祀其他的神，比如：三皇五帝、土地公、孤魂野鬼（俗称好兄弟）。这种祭祀活动是由原始崇拜发展而来，它有别于传统的宗教信仰。

拜天公时，祭品也是有讲究的，祭品都得用单数，如五大样或三大样，每一大样也都得用单数。猪头，加上四种其他的祭品构成一大样，猪头必须带猪尾，代表一整猪，也有人家用整只猪的。其他四种叫牲礼脚，其中鱼与鸡必不可少，另外两种一般用猪内脏，这样就能与猪头猪尾构成更为完整意义的整头猪。四种牲礼脚都必须是肉类。

供品中要有五样水果，有糯米糕和发粿。糯米糕由糯米做成，发粿由面粉加红糖做成。这两种物品也是钟宅逢年过节必备的物品。酒，一般用三杯，也有人用五杯，称五清。冥纸，钟宅称银或金。寿金是烧给家里或是庙里的神，天金烧给天公（玉帝），另一种发金是烧给孤魂野鬼的。

当志鹏的母亲准备好这些祭品后，祭拜仪式也就开始了。婶娘先点上四支香拜神、请神。她的嘴里咕噜咕噜地讲着，这回跟前面念叨不一样，大意是说，神啊，我的孩子志鹏今日结婚了，请您保佑孩子们健健康康，永结百年之好吧，请您保佑家里早点添个男丁吧……

“快瞧，婶娘这次用的是四支香哦！”

“你不知道吧，大喜请天地公要用四支香的，这叫四平八稳，一般祭神用三支。”旁边有人轻声解释着。

也许因为天公是最大的神，所有的人都不敢得罪的缘故，儿子拜天地都没有出场的男主人，也颤颤抖抖地出来了。

他的脸色有点蜡黄，说话的声音也在颤抖，志鹏扶着他，其他的亲戚见了也赶忙向他问好。志鹏拿

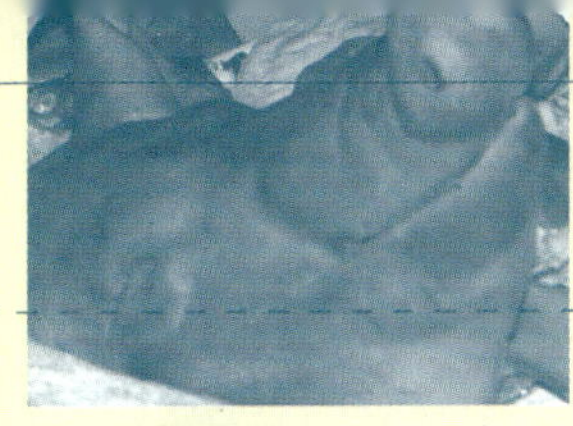

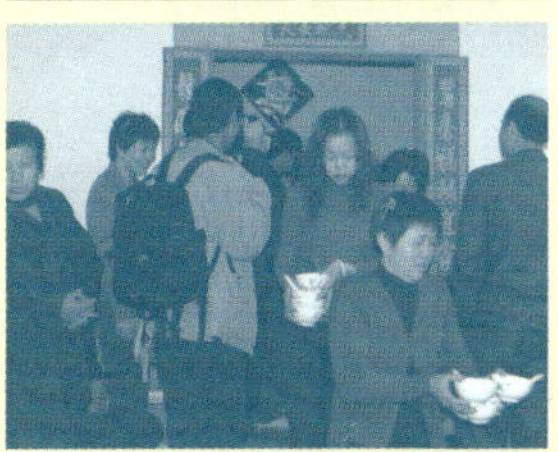

了一把椅子让他坐下。他头低着，没有力气抬起来，口也不时开着，好像有什么东西堵住了他的喉咙。

既而他在志鹏母亲的扶持下慢慢地站起来，两人各点三支香拜天地公，他们把香高高地举在头上，每说一句话就比画一次，由于他们与神讲话时总是很小声，人们很难听清楚他们在讲什么。志鹏的父亲可能是身体太虚弱的缘故，他并没有行跪拜礼，所有跪拜都是由志鹏的母亲代他做的，她总共跪拜了十二次。

志鹏的母亲双手合十，表情肃然，由心而发，向神明道出心中的愿望。

“让阿母费神了！”志鹏感动得直想哭。

新郎新娘行跪拜礼是最有趣的，因为毕竟是初次行这种大礼，没经验。新人不时就向婶娘看看，婶娘说：“点香后拜的方式与你爸妈一样，跟众神明讲你们的心里话。”

志鹏和新娘有些腼腆，嘴巴里不时鼓着气，有时还偷偷地瞄着对方，想看对方是怎么做的，但是微微的笑容已经流露出爱情的甜蜜。

“像阿母一样跪拜十二次。”婶娘的话就是圣旨，两人像小孩子一样瞄了对方一眼……十二次下来，志鹏与新娘已经有点要找不着北的样子。

在完成了所有的行礼后，他们开始给众神烧冥纸，这算是一种献礼活动。祭神的最后一道程序是放鞭炮，以渲染喜庆的气氛。此时，钟宅安静的夜突被这鞭炮声打破……在收祭品的时候，婶娘将那些祭拜的酒一杯一杯画着圆，倒在那堆烧成灰的冥纸堆上。婶娘自言自语着：“团团圆圆的意思，每次祭拜都得要这么做。” >>

：：挑选一头神态怡然的猪头作为供品非常不易

>> 家祭勿忘告祖宗

中国的传统信仰经历了图腾崇拜、鬼神崇拜、祖宗崇拜等过程。闽南地区对中唐之前的文化是保存和继承得最完整的，钟宅畲族的祖宗崇拜在这里也被进一步发展。钟宅的宗族观念极强，族群派系也都由宗族演化而来，所以钟宅特别注重对祖上的祭祀，一方面增强了宗族内部的联系，加深族亲的关系，另一方面也是人们因有所求而向祖上祈福的一种信奉。

志鹏与新娘在拜完天公之后，就在母亲的陪同下去祭拜自己的祖先。月夜里，志鹏与大家沿着再熟悉不过的石板路，上上下下、左拐右拐地来到祖厝。锈蚀的门锁被母亲打开。"吱纽……咔……砰……"，红烛点亮的刹那，志鹏瞧见了祖宗。

祖厝的厅里空阔得很，一张条案上摆着一个香炉，满是灰尘的桌面说明祖厝离人们已经很遥远了。婶娘与志鹏母亲用力地擦着灵牌前的桌子，完了之后又摆上酒、鸡等祭品。志鹏母亲一向是没有多余话，默默地做着自己的事情，也没有叫志鹏来帮忙。

"等一下跟着你阿母一起拜，比画比画就可以了。"婶娘说着。

志鹏过世的爷爷奶奶，他们的灵牌就摆在家里，所以他们早就知道自己孙子结婚的事了，所有的仪式也是在他们面前举行的，现在是他们赐福给孙子的时候了，志鹏母亲点上三支香告知自己已故的父母。插完香，志鹏母亲依旧像先前的方式祭拜，先拜、后跪、再拜，跪拜了十二次。志鹏母亲的嘴里都在说着什么，估计是一些愿望之类的话，这些话是否相同，这个只有她自己知道了。

离开祖厝回到家里时，天已有朦朦亮色。志鹏见婶娘又在大门外对着小巷的地方准备着祭品。

"这是要拜谁啊？"有些疲惫的志鹏问。"再拜拜你姑丈。""他不是早死了吗？""是啊，老人家托梦给我，嘱咐在你结婚时一定要告诉他。"

志鹏母亲，虔诚地为死去的姑丈敬奉了三杯清茶。

在钟宅，有些人死后因没有后代而成为没人祭拜的孤魂野鬼，在世的亲戚为不使其在阴间受饿或无人眷顾，常以其亲戚中的晚辈（必须是男丁）追认或过房给死去的人做后代，并在逢年过节时祭拜他。

志鹏没有祭拜姑丈。依照畲族习俗，这种街头祭拜一般有忌讳，不能随便接近。

天亮了，烦琐的畲族婚礼就这样在神秘与咒语的伴随下，朝天公、朝众神明、朝祖宗、朝父母跪拜了无数的大仪之礼，历经四个多小时结束了。志鹏疲惫的脸与母亲满足的脸叠在一起，他们准备着即将举行的圣餐——喜宴！■

日子汤汤

清晨，天还未亮，整个钟宅都还在睡梦中。临街的店铺紧闭着门，像抿着嘴熟睡的婴儿。闹了一夜的“猫儿摊”也撤了，留下空落的架子和一地的惨烈，酒瓶盖、烟头、田螺壳，七零八落，风吹来，树叶和烟壳打了个卷，往墙角去了。

菜市口，一阵“悉悉倏倏”，先是有个人影缩着胸站着。不一会儿，又来了两三个。有人在打着招呼：

“来啦？”

“嗯。今天车还没来呀？”

“快了吧。我出来时都五点十五了。”

“那是快了。这天太冷了。”

“可不是。冻死人了。”

四五个人影围成一簇，搓着手，小跺着脚，都压着声嘀咕着什么，偶尔传来一阵浅浅的笑声，被呜呜的北风一吹而散。

突然，一束灯光从村口方向直射过来。听见有人说：“来了。”然后是一阵“哒哒哒”的马达声，一辆拖拉机从村口开了进来，直朝菜市方向驶来。几个人影也不躲闪，拖拉机开到他们身边就停住了。有人从驾驶座上跳下来，走到车斗后面，“噌”地一下就跃上了后斗。然后就听“啪”的一声，一大包东西沉沉地掉在地上。

“四十八斤，盐家的。”斗上的人说，见人群中蹿出一个影子，拖起地上的那包东西就往身后走。

“四十五斤，添丁家的。”又一包掉了下来，接着又出来个人影也把那东西拖走了……

天稍稍亮堂了些，几个人把东西拖到自己的摊位上，然后再聚到拖拉机前，“来吧，算钱。”车斗上的人蹦下来，拿了块布一边擦着手，一边说：“天冷了，这两天涨了一点，一斤要五毛二了。”

“啊？不是上礼拜刚涨到五毛吗？”“是啊是啊！”有人附合着。

“天冷，这海蛎也瘦，十斤开下来也就两斤多一点的肉。”

女人们嘴里嘟嘟囔囔，但还是把口袋里的钱掏出来，数出几张，有点不情愿地递过去。

“给你二十四，找六毛，我的是二十三块四。”交完钱，女人们又嘟囔着回到自己的摊位上，一把扯开昨晚盖在摊上的篷布，利索地带上那只起了毛的棉线手套——手套早已看不出颜色了，只是黑灰的一片，但还没破，女人家定然是舍不得换的。手套戴在左手上，右手是要拿针杵的，手套只能戴三个指头，女人们把剪下来的指套，分别套在拇指、食指、和中指上，然后都坐在小板凳上，前后地排开，乍一看，很像工厂里的流水线。

刚买来的连壳海蛎就放在女人的脚边，剪刀“啪”地剪断，装着海蛎的网一下子散开了。女人拿起一枚海蛎，右手握着根磨细的针杵，一针刺下去，用

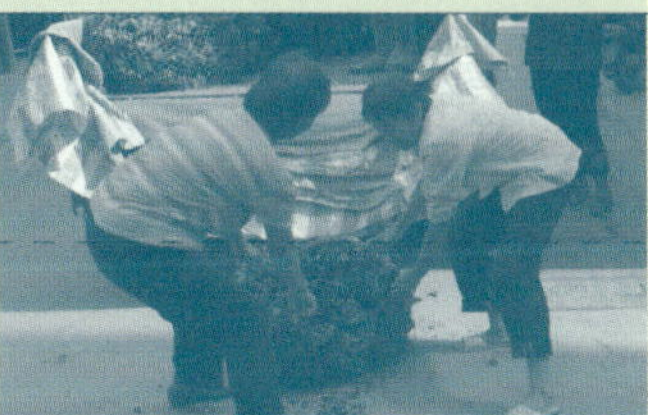

198

劲，往左右一掰，壳裂成两半，露出里头一团白白肚皮的海蛎肉。女人用针杵尖头往白肚皮下一刮，白肚皮就离了壳，手腕稍抬起，针杵轻轻一甩，一枚白肚皮的海蛎就到右手边的碗里了。

女人们手里忙着，嘴里也没闲着。显然她们还没从刚才涨价的气愤中回过神来。

“你说怎么就说涨就涨了呢？现在也不是那么好卖呀！”

“唉，要是咱钟宅自己的海蛎石没被挖掉，我们才不去买这些人的呢，贵得要死。”

“可不，还不如咱钟宅以前的好吃。”

“对呀对呀，那天剩了一点，我拿去炒米粉，有点腥，还不甜。”

“说来也奇怪，别的地方还就是养不出咱们钟宅的那个味呢。”

女人们说着说着，竟有点得意和兴奋起来。

……

天亮了，像是有几缕阳光要从云里露出来。路上也有人开始走动了。

“哗—”的一声铁门卷起的声音，是街旁的水果店开门了。一个男人从店里走出来，头发有点翘，像是还来不及梳理的样子。一个女人跟在后面，端着一个木架子，往店门口一放，叫着男人：“把柜子边那箱苹果拿过来。”男人打了个哈欠，走到里头端了一纸箱出来，往架子上一放。女人说：“饭好了，去吃吧。”于是，男人又往里走了，留下女人一个在店里左右忙活。

这时，马路对面的米铺也开了。一个女人探出头来，这边的看到了，手里还在摆着水果，嗓子隔着街就喊了：“醒啦？”米铺的女人说：“是哦。今天你比我早啊。”

“我也想多睡一会啊。天这么冷，都不想起来了。”

“好像说今天又降温了。”

“怕什么，降温了你那米还照卖，我这水果可就难说啦，这两天橘子都不好卖呢。”

“呵呵。”两个女人同时笑了。

没过一会儿，街两边的铺子也一家家醒来，服装店、话吧、米铺、卤味馆、海鲜、水果，零零落落地摆满了一整街。早起的主人们依旧隔着店铺和街道用碎碎的闽南方言拉着家常，彼此寒暄，在狭长的街市间铺展开一道最寻常的世俗风景。

小贩们手推车也不知道从哪冒出来的，不一会儿便霸满了街道两侧，令本就不宽的村路变得更加狭长。大榕树下，是红梅的位置，红梅每天都会在这里卖豆浆和包子，她的豆浆是自己磨的，又香又浓，钟宅人都喜欢到她的摊上买。这会儿，红梅正在手推车上左右忙碌着，豆浆、烙饼、包子，周围几张矮桌和小凳上，几个人头碰头，吃着正香。

厦门有道名菜——海蛎煎，用新鲜的海蛎在滴了猪油的平锅上生煎，海蛎要调些地瓜粉、佐以大量的青蒜、再配上黄白的鸡蛋。海蛎煎做法简单，但火候难调，长了会老、短了则有腥味。做好的海蛎煎，下面略有些黄黄的焦壳，上面白白灰灰、圆鼓鼓的是海蛎，绿绿的是青蒜叶，黄黄的则是鸡蛋，沾些许红红的辣酱，那个香味别提多诱人了。但凡来过的都要尝一尝，这一尝就是五六百年。

“那海蛎是我们钟宅的最好，海蛎煎也是我们钟宅媳妇做得最好。”钟宅人常常这么说。

以养海蛎为生的钟宅人，家家都会做海蛎煎，也家家都做得好海蛎煎，不同的是钟伯把他家的海蛎煎做到了江头。

穿戴整齐的钟伯刚好从这里经过。阿贞忙上前拦住问道：“阿伯，又去江头呀！”

“我要去江头吃个钟宅海蛎，江头的钟宅海蛎好嘞……”钟伯似答非答地重复着。

“这不是有海蛎吗，要不我给您做点送过去？”

“你做得不如我家的好吃！”钟伯终于有问有答了。

“人活在世上，总会有很多的坎，你啊，心就要放得宽些。”阿贞忙着把话儿递过去。

钟伯结婚后，小日子过得很红火。他赶小海，每天把山样的海蛎拉进家门，媳妇则撬海蛎拿到菜市场去卖，白天撬、夜里也撬，媳妇的手都撬肿了，肿得钟伯好心疼。

“我媳妇的海蛎做得好嘞，嫩嫩香香的还时常给端上壶酒。”心疼媳妇的钟伯于是就雇了个人扒海蛎，还在街角开了间店让媳妇做海蛎煎卖给路人，后来这海蛎店还开到了江头。

钟伯看着阿贞手里的海蛎，念叨着：“媳妇呀，放心吧，这‘坎’我能过去的呀”。

阿贞说，钟婶为抄条近路，不小心摔到河里，弥留时嘱咐钟伯把江头的店开好，以后这家店竟没有了……

:: 来看呀！这是刚刚撬开的海蛎。

阿贞说，钟宅以外的人做不好海蛎煎，海蛎煎还是钟伯家的最好。

“我要去江头吃个钟宅海蛎，江头的钟宅海蛎好嘞！”钟伯自言自语着又坐上了开往江头的巴士。

……

正是上工的时间，穿着蓝布制服的姑娘和小伙三三两两，从各个巷子里钻出来，或停下来吃两口粥，也有的买了带着，一路上边走边吃，带着一点点惺忪和倦意，流向村口，人们说着笑着，悠悠然地从这里流向各个厂房和车间。

有车驶来，车在狭长的缝隙间缓缓前移，倒像是这个村庄的闯入者，小心翼翼，生怕一不小心打破了这里的秩序。而事实上，在钟宅的街市上行车是没有什么规则可言的，全靠开车人的小心。因为路窄，车几乎是从撬海蛎的女人边贴身而过，女人们只是挪了挪屁股下的小凳，把身子往里靠了

:: 海蛎，曾为钟宅特产

靠，头也不抬，又继续撬着。这时，她们身旁的海蛎壳已经一点点地堆起来，碗里的海蛎也一点点多起来了。

“卖海蛎嘞……”不知不觉中，市场上的叫卖声也多了起来。

“晏婶来买海蛎呀，家里有客人来？”停下手的阿贞，在招呼着来买海蛎的族亲。

“放假了，丁的同学要来家里玩，买了做给他们吃。”

“哎呦，你家丁仔大学都快毕业了，有对象了没呀？”阿贞的话透着一股羡慕。

“有了，有了！”晏婶满足地拿着海蛎走了。

……

“买海蛎呀，年轻的！”阿芳见有人来买海蛎也赶紧站起来招呼，“看这海蛎肉，又肥又鲜，还是原浆的呢。买点吧，年轻的，给你便宜点。”

“多少钱一斤？”

“今天带壳的涨了，所以这肉也涨了，一斤四块八，你是熟人了，就算四块五吧。”

“啊！这样呀。是有点贵了。”

“唉，我们也是拿了贵的过来。你天天都在买，又不是不知道。我不会算你贵的啦。”阿芳边说着边从身子侧边掏出个红塑料袋，“要多少？今天的不错，来个一斤吧？”

“不用不用，就六两。今天两个人吃。”

……

吃过早饭的老人们围坐在市场的大榕树下，他们眯着眼睛看着马路上忙忙碌碌的过往行人，老人们的眼神淡淡的，隐约带着那么一点不露声色的骄傲——我过去比你们还辛苦，或肩挑百斤徒步走好几里地叫卖，或是骑自行车满载几百斤，摸着黑夜载到离家很远的市区去批发，哎，都为了给孩子存点读书钱……

>>

:: 左页／钟宅仅存少许的耕地，在此种些青菜、水果，如诗意桃园。

午饭刚过，阿秀婆刚把碗筷收拾到水池里，就有人从她家的铁门口探着头："刚吃过呀？吃到这么晚！"是隔壁的立婶。立婶把胳膊从门上的小洞里伸进来，"啪"地打开了阿秀婆家铁门上的锁，门一推，就进来了。

阿秀婆边洗着碗边和立婶说话："你那件织到哪了？"

立婶从胳膊底下抽出一卷蜷着的毛衣，两只手举着在身前摊开，"喏，跟昨天下午的差不多，腋窝这边可真难打，你呆会儿帮我看看。昨晚不知道怎么回事，你看，这里打了个结，害我解了一晚上。"

阿秀婆笑着说："肯定是你边看电视给打的，走神了，上下针弄错了，不结才怪。"

立婶收起毛衣，也笑了："是啊，我可不像你，打了这么久了，闭着眼睛都能打出花纹来。呵呵。"

这时，门外传来一阵咳嗽声，紧接着就听见有人在喊着："立婶，今天来这么早呀？不用帮你儿子盯着那些盖房子的了？"原来是前屋的老太太梅。

立婶扭过头看了梅一眼，旋即又低头看自己的毛线，有点不悦地说："不去了。昨天我那媳妇让我去，可是回来又说我什么都不懂，工人那么偷工减料我都看不出来。你说我六十好几的人了，哪里看得懂这盖房子的事呀，让我煮煮饭我还会。这不，她今天就自个儿去盯着了。"

"咳咳——"梅又是一阵咳嗽。

立婶问："还没好呢？你都咳了多久了？我上次跟你说吃那个枇杷浆，吃了没？"

"吃了，没用。加上这两夜我前面阿庆家的新房在浇水泥，吵得半死，害我一整夜都没睡好。"

正说着，阿秀婆也从里屋出来了："她那身子就是那样，都是操心太多给折腾的。我早说了，小孩子的事，随他们去啦，你说话人家又不听，说多了还招人烦哩。"阿秀婆戴上自己的老花镜，指着客厅朝梅示意，"你把那椅子搬过来坐这里比较暖和。"接着便也架起了毛衣针。

立婶凑过来问："阿秀婆，你帮我看一下，这几针我怎么打得有点歪呀？"

阿秀婆放下自己手里的毛线，拿起立婶的，斜着眼从花镜里看了一会，说："错了啦，上次不是跟你说，这针要空过去，然后下面两针一起挑的么？"

"哎呀，你看我，老了就是老了，我只记得你说要空一针，却忘了下面是两针一起挑的。"立婶一听完就大叫起来。

暖暖的阳光下，几个老太太坐在窄窄的檐道里，晒着太阳，打着毛衣，有一搭没一搭地说着话。钟宅的午后就是暗涌着一股这般慵懒的气息。这里的节奏似乎永远是这么不紧不慢，女人们忙活完午饭，洗完碗时，男人们大都已经趴在床上睡着了。可女人们似乎没有什么午睡的习惯，想起早上在菜市碰到的熟人，

∷ 幸福时光

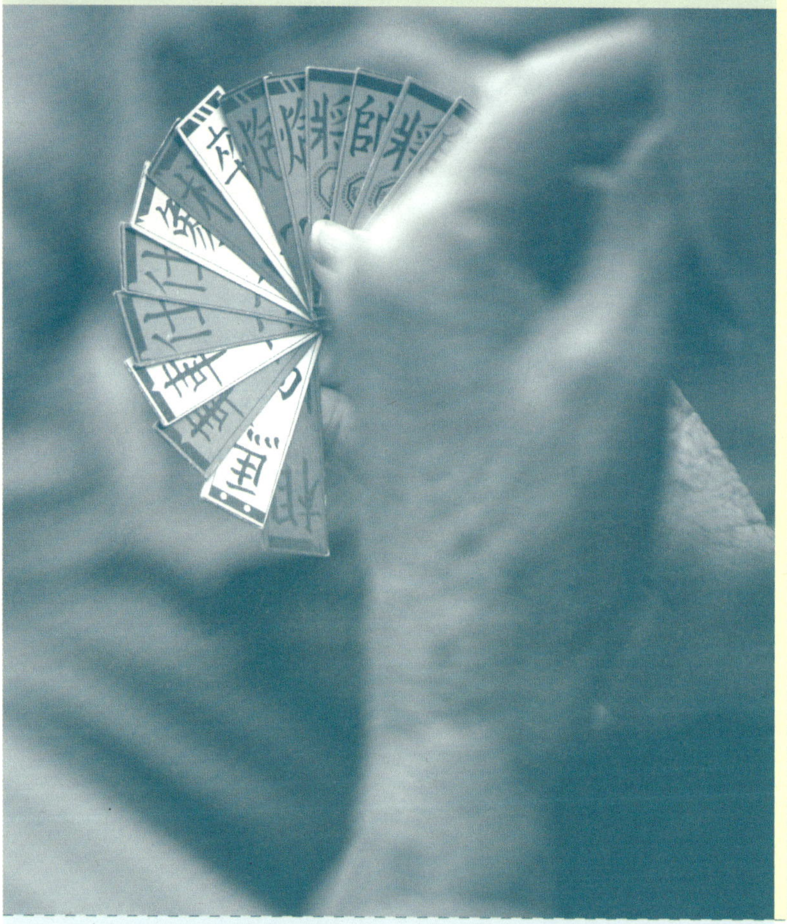

:: 纸牌

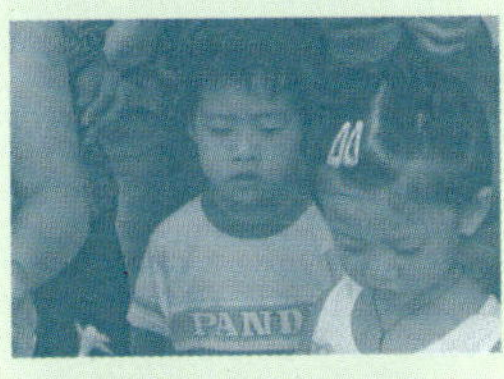

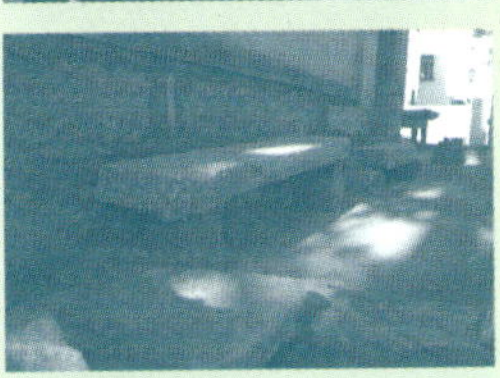
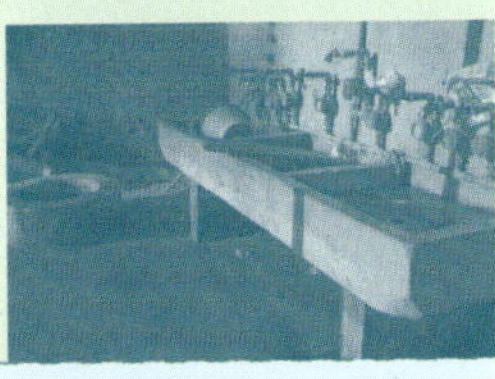

说了一小会话，意犹未尽，刚好就趁午饭后肚子饱饱的当儿，串个门走动走动。于是，从临街人家的大门走过，能看到在每家的庭前，都有几个人围坐在一起，中间放个小桌子，摆副茶具，手里或打着毛衣，或缝着布料，也有织着网的，忙活一上午的身心就在这样的午后，懒懒地舒展开了。

阿秀婆说："我今天买了半斤蚵，中午煮的咸粥。昨天才卖四块，今天卖四块五，太贵了。"

"我也爱吃咸粥，但年轻人不爱吃，我也没办法。"立婶接过话。

"和年轻人吃就是这样，自己煮、爱吃什么就煮什么。"阿秀婆头也不抬地说。

这时，又有人推门进来了，是隔壁的阿金。一进门就高兴地说："看我这衣服怎样？我女儿今天来买给我的。"屋里的人一下子都把眼睛投到阿金身上，阿金好不得意。

阿秀婆说："还以为你今天不来了呢。呵。这衣服穿在你身上还不错，不过这么花，要是穿在我身上出去要被狗追了。"

"哈哈……"大家一阵哄笑。

立婶盯了阿金半天，羡慕地说："你真好命，还是女儿好，和妈贴心，你看那个香仔生了四个女儿，个个都很孝顺，每月每人给她两百，加在一起都不知道怎么花；可那个阿煌生了五个儿子，现在老了，儿子都不要她，连饭都没的吃。"

"现在的年轻人，有的太不孝顺了，老了不中用了，还是自己照顾好自己。"

"不会呀，我儿媳对我也很好咧，也常给我买衣服，还带我上酒店去吃饭，和年轻人住一起，要相互体谅，相互包容，这样才能好好相处。"阿金显然还沉醉在她的快乐当中，夸完了女儿夸儿媳。

“谁像你那么好福气，儿子赚大钱，儿媳自己有的花，当然对你好啦。”梅的话语带着酸溜溜的羡慕和嫉妒。

“才不是呢，不过，像你那么孤僻的人和谁在一起都合不来。”阿金有点不满意梅的说法。

“我？我怎么了？你倒是说清楚了？我哪孤僻了？”梅的个性本来就比较内向，还有点自卑，这下却被阿金戳了痛处，自然要发作。

“好啦好了啦，别说了。”阿秀婆瞧着紧张的气氛赶紧当和事佬。

“不说就不说！没见过这样的人，见不得人家好是不是？”阿金从椅子上站起来，气嘟嘟地唠叨着走了。

梅还是不服气，对着阿金的背影努努嘴，一副不屑的表情：“不就是儿子有钱吗，就看不起人。”

立婶忙劝她：“别气了，她那人就这样，你又不是不知道。她呀，这一气又要气上好几天才会好，这几天不会来了，她每次都这样。”看来女人们对每个人的脾气都了如指掌。

大家都沉默了，只有手头的毛衣针没有停下来。

过了一会儿，又有一个老人牵着孙子来了，大家顿时忘了刚才的不愉快，围着小孩子转啧啧地称赞：“你孙子长得真可爱！”“你们是弄什么给他吃，长得这么结实？”

“几岁了，白白胖胖的真有人缘，我那孙子怎么吃也吃不胖，可急死人了。”

新来的老人看着孙子乐呵呵地说：“都是我媳妇照顾的呗，每天要喝四次牛奶，早上吃一个蛋，经常炖瘦肉给他吃。”

“现在小孩少，个个跟宝贝似的，哪像以前，吃的都没有，大人只顾上山干活，小孩在地上爬，连鸡屎都抓起来吃。”

一谈起过去，大家仿佛都感触很深。

阿浩婆已经七十多了，本来也常去阿秀婆那里串门，可去年被车子撞伤，腿脚不方便，白天儿子和媳妇都去做生意，孙子也上学去了，家里只剩她一个人，刚开始，总是看电视，后来看腻了，就召集老人到她家打牌。老人们聚在一起成了习惯，每天雷打不动，准时来阿浩婆家报到。来晚了就没位子了，只能在一旁看着别人打。

∷ 面人儿带给钟宅顽童快乐童年

：研磨出好时光的钟宅旧物

打牌四个人到六个人不等，时间一到，“官”家就按现有的人数发牌。牌按人数分好，每人有两元的筹码，十个一角，一个一元。当“官”的人分牌，共分三次，一次五张牌。牌按大小分王、士、象、军、马、炮，有白、绿、黄、黑四色。打牌的程序大概是这样：同色的如王、士、象三个牌叫一个目，手上十五个牌都有目就算糊了，其她人就得给一个一毛的筹码。

月娥来敲阿浩婆家的门时，里面已经围了一桌子的老太太，旁边还站了几个，包括刚才在阿秀家抱着孙子的老太太。她们当中最老的已经九十三岁了，可是看得出还是耳聪目明；最年轻的也有七十岁了，额头的皱纹深如沟壑，特别是当她们聚精会神想着出牌的时候，那皱纹便垂直着揪着一团。

大家对月娥的到来有些警惕，月娥刚往桌前一站，老人们就以为她是来打听她们赌钱的事，阿浩赶忙解释：“我们是打着玩的，输赢几块钱而已，消磨消磨时间，不像别人赌大的。”

“什么呀，我是来通知你们，村里要给每个老人办养老保险，让你们这礼拜内到村委会去报名填单子，去晚了是不给补办的。”月娥也被这群老人们的戒心盯得难受，赶紧解释。

“哦——”老人们这才长长地舒了口气，又马上投入到眼前的“战斗”中去了。

大家都非常严肃，互不说话，似乎生怕一不小心把牌说露了。一位老人拿起五人份的牌，由当“官”的人把牌分好，老人们一个个专心地看着自己手里的牌，捻开的牌捏在手里像个扇面，年轻一点的很快就排好，年老的可能是眼睛不好使，还得一个牌一个牌地对，拿牌的手偶尔还有些颤抖。当“官”的先下牌，把手里多余的牌打掉，再从发剩的牌里拿一个牌凑十五个，从左往右，下家有需要就“吃掉”，不需要可自行打牌，依次类推。

这一局是一位七十多岁的阿婆赢了，她乐呵呵地说：“一个人一毛。”

“真倒霉，明明快‘到了’(糊牌即所要的牌到了)，又让她领先了。”她“下家”的一个老太太嘟囔着。

“我也是，就差一个牌了。”嘴里说着的老人，很不情愿地还是把钱掏了出来。

赢钱的老太太很开心地把钱往左手边一压，“官”家已经在发牌，又一局开始了。

打久了，想来是有点累，可是打的几个人又舍不得把位子让给别人。于是，在发牌的空当，老人们偶尔会聊几句。这时，见阿浩婆抬起头来，看看旁边站着的人，忽然问：“咦，那个娟今天怎么没来？不会又睡过头了吧？”

“她那么胖，还睡呢！”

“我听说她那小姑的儿子要娶了，过去帮忙了。”

“嗯。反正她也没事干，她媳妇没上班，家务都由媳妇包了，她只管买早点，洗洗自己的衣服，然后等着吃饭就是了。”

“还有打牌！”不知道有谁冒了一句。

“对对对，还有打牌！哈……”大家都笑了。

说话间，牌已经发好了，大家又回复到一脸郑重其事的表情。

没一会儿工夫，又打完了六局，五个人中，那位身材瘦小的阿婆一局也没赢，一脸的不高兴，虽然输的钱不多，可老人们就像小孩儿一样，觉得自己很不争气，运气不好，时不时看看所剩无几的筹码，念叨着：“今天手气真差，打了这么久，一局也没到。”

旁边的老人赶忙安慰着：“又不是为了赢钱，有什么关系，输赢是正常的。”

在一旁观看的老人附在月娥耳边小声嘀咕：“别看她们这样，还常常会因输钱赌气呢，甚至还为了几毛钱吵，今天吵了，明天就忘了，还来。一天输赢最多也才两块多，现在两块钱能买什么东西，大家高兴就好呗。年轻时要上山下海，做得半死，吃饭都没力气，现在的人命好，生在好年头，吃好做也轻巧。”

……

也不知道过了多久，只见天色渐渐暗了下来。“五点了，”其中一位老人看了看时钟，“这局打完就散了。”真比上班还准时！

站在旁边观战的老人陆续先走了。打牌的几个把各自手里的筹码数了数，“我赢了一块。”“我输了五毛。”老人们展示了下午的“战果”。

“我赢了三毛。”刚开始没赢钱的老人炫耀着，心理平衡多了。

“走了，回去做饭了。一会儿年轻人下班回来吃不上饭又要说了。”

老人们纷纷起身，一会儿就只剩下阿浩和那张牌桌了。

>>

 :: 人在，人无所不在。

月娥从阿浩婆家出来时，天已经暗了。她骑着自己的小摩托车“哒哒哒”的便往村口方向赶。“幼儿园快放学了，小弟（闽南语中把儿子称为小弟）肯定又在等我了。”

一想起小弟，月娥就一脸的开心。小弟是月娥的小儿子，今年不到四岁，长得跟月娥很像，浓眉大眼，还虎头虎脑的。小弟跟月娥最亲，什么事都黏着月娥。偶尔月娥到村里办事，回去晚了，小弟便拿着家里的电话往月娥的小灵通上直挂。每次月娥一接起来，都立马变得温柔无比：“哦——小弟乖哦，妈妈很快就回去了。”

过一会儿，小弟再打来，想来是在电话里问：“妈妈你不是说很快就回来么？”

这回，月娥没辙了，只好说：“不行呀，妈妈不上班，领导就不给发米了。小弟就没得吃的了。”后来月娥回家，总听小弟念叨着：“领导是坏人。”搞得月娥莫名其妙了老半天。

这会儿，小弟正和幼儿园的小朋友在小操场上蹦蹦跳跳，一看妈妈的小摩托车来了，便不再理小朋友，头也不回地朝妈妈蹦过来，“哧溜”一下就钻到月娥的“坐骑”上。月娥跟幼儿园的老师打了声招呼，掉转头，就往菜市开去。

从村口到菜市，要经过钟宅最热闹的一条街。月娥载着小弟慢慢腾腾地往回走，小弟站在月娥身前刚够得着车把，他把脑袋搁在车把上，四处张望。偶尔有熟悉的人路过，月娥一边跟人点头，一边跟小弟说：“小弟，叫阿姨。”然后就听小弟脆脆地喊一声“阿姨。”就又看他自己喜欢的东西去了。

这一天是农历三月十六，街道两边的店铺几乎家家门口都立起了香火桌。钟宅的风俗是每个月初一、十五各家都要上香祭拜，而初二、十六这两天，做生意的人还要再祭拜一次，钟宅人叫“做芽”，大概意寓着在这两个日子里种下财富，以求财运应手吧。

“做芽”的一般都是在晚饭前。所以，这会儿各家都在店铺门前摆起了一方小桌，把自家今晚的好饭、好菜一起供上：一锅干饭、一份鱼、一份肉荤、一份素菜，再摆一个小香炉，倒也简简单单。店铺的主人上炷香，燃着，便回店里招呼自己的生意，过个十几二十分钟，揣了把冥钱出来，在小桌边就地烧了起来。

早些年，月娥也在这条街上开过肉丸店和卤味店，可是都没开多久就关了。这会儿，走在街上，月娥在

222

∷ 担食至市，自己买花戴。

想："想当初，我也是这样拜的。现在倒好，店没开，省了一档事了。"月娥向来是很乐观的，她总是开玩笑地说："嫁到钟宅十年，哪能连这点阿Q一下的本事都没有呢！"

此时，从街上走过，就能闻到一股饭菜香从两旁飘来，勾得人更加饥肠辘辘，不由得加快回家的脚步。当然，还有一股烧冥纸的烟味，这股烟夹着菜香弥漫在狭长的街道间，使这个钟宅的黄昏充满了热腾腾的人间烟火的气息。

月娥载着她的小弟就是穿过这团气息来到菜市。月娥把摩托车停住，跟菜市口摊前的阿婆说："帮我看一下车，我买几样菜就回来。"然后便拉着小弟往菜市里头走，边走边掏出小灵通，拨了家里的号码。

接电话的可能是婆婆，月娥跟婆婆住一块的。

听见月娥说："小弟我去接回来了。今晚煮干饭，你先做着。我现在在菜市。"简单几句就挂了。月娥向来做事利索。

小弟拽着月娥往水果摊前跑，嘴里嘟嘟着："我要吃苹果，我要吃苹果。"月娥知道小弟又嘴馋了，于是买了一斤苹果"堵"了小弟的嘴。走到菜摊前。

"高丽菜怎么卖？"

"八毛。"

"都有点干了。"

"这么晚了哪能跟早上那会儿比。算你七毛好了。反正我都要收摊了。"

"那就给我称这一个吧。"

月娥从高丽菜堆里挑出一个，让小贩过了称。

然后她又利索地买了两斤排骨，两只萝卜，还挑了条活鱼。估摸着配上家里的菜，四菜一汤差不多够

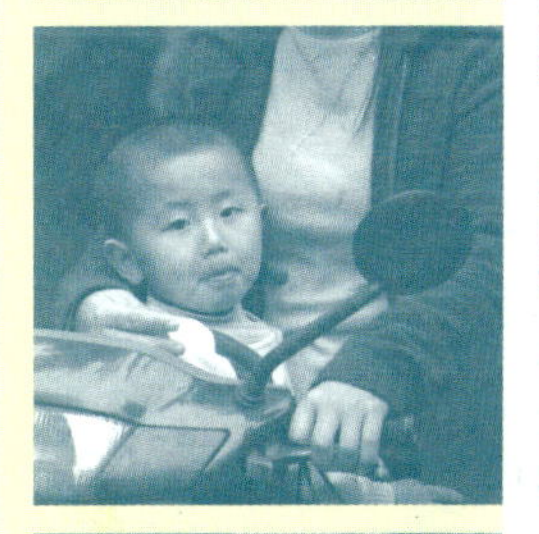

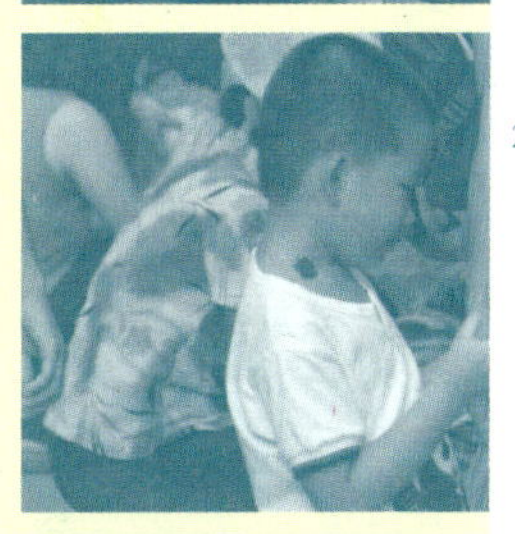

:: 市井百态

了，便拉着小弟往回走。

回到家，天已经黑了，煮饭的米已经下了锅。公公和婆婆正在屋里看电视。月娥嫌婆婆做的菜不够味道，所以，月娥一般只是叫婆婆做米饭，下厨炒菜的事一定是要自己来。月娥常自嘲：“我这人就这样，一定要自己做的事才放心、才满意，费心费力，这样命不好。”

一进家门，还没等月娥把摩托车停好，小弟就冲进客厅，从爷爷那里抢过遥控器，一按就换成了动画频道。爷爷奶奶倒也随遇而安，跟着小弟看起了动画片。

月娥可一刻没闲着。她拎着菜，连客厅都没进就拐到旁边的厨房，先把青菜泡水里，接着三下五下就把排骨剁了，“哧哧”地把萝卜削了皮，又切成一块一块的，与排骨一起放进高压锅，加上水、盐和味精，把锅盖一拧，放到炉上；随即又扭头到庭院里的水池边杀鱼去了。

这时，女儿的声音从门外传来。女儿已经上小学了，不过不在钟宅上，是在月娥的娘家五通。女儿中午不回来，就在外婆家吃饭，每天上午月娥要用她的小摩托送女儿去上学，傍晚则是由丈夫去接回来。这会儿，女儿一蹦一跳地进了家门，后面跟着月娥的丈夫。女儿一进门，见月娥在庭院里，便围过来，叽叽喳喳地说个不停。

“妈，我们班的数学老师今天病了，是三班的数学老师来给我们上的课。”

“今天我前面的兰心换了个很漂亮的书包，她说要一百多块钱呢。”

“老师说我们明天要单元考。”……月娥一边应着：“哦。是么？”“人家的书包是新的，那是因为人家

∷ 钟宅街景

是刚买的，你的书包刚买时不也是新的。”“嗯，那你赶紧进屋去复习。”一边提醒女儿：“离远点，鱼鳞会飞到你身上的，小心臭。”女儿的新鲜事大概也说得差不多了，便又蹦到屋里，跟小弟一起看动画片。

月娥又转进厨房，热锅、下油，从冰箱里拿了几根葱，“唰唰”两下切成葱片。正好油也热了，她抓起杀好的鱼，循着锅沿让鱼轻轻滑下去，鱼在油中“哧哧哧”地冒着气，一会儿就变了颜色。月娥用铲子轻轻地把鱼翻过来，再把葱片洒在鱼上，浓浓的鱼香就升腾起来了。

这时，婆婆走进来了。月娥头也不回地说：“差不多了，把碗筷摆一下吧。”婆婆知道月娥是在跟自己说。于是也很习惯地不回话，静静地从碗柜里拿出六副碗筷，在旁边的桌上摆好。

月娥炒最后一道高丽菜的时候，高压锅开始“噗噗”地叫了，三分钟后，月娥把煮高压锅的火一关，拿了块布包着锅柄，把锅端到水池边，打开水，“哗哗哗”地冲着锅盖。只一会儿，锅的温度就降下来了。月娥左右错开用劲一拧，锅盖就松了。她把锅端到饭桌上，对婆婆说：“拿个大一点的盆盛汤。另外再盛个小碗，等会儿给小弟喝。”然后就对着客厅喊：“吃饭了。”

丈夫、公公相继着走了过来。月娥知道，小弟和女儿肯定还舍不得那个动画片。于是，她走进客厅，果然，小弟和女儿正一动不动地盯着屏幕看。月娥走过去，“啪”就把电视关了，小弟嚷嚷着：“不要不要，我要看啦！”月娥一板脸：“再不吃饭，等会儿就没有苹果吃。”

小弟最爱的就是苹果了。没办法，只好乖乖地跟着月娥到饭桌上去。

昏黄的灯下，一家六口围着饭桌，月娥挨着小弟，不时地往他的碗里和嘴里夹东西。看着女儿和儿子咂巴咂巴着小嘴的样儿，月娥心想，没做生意的日子也是不错的，至少可以回家做这一桌的菜……■

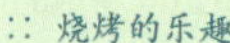

∷ 烧烤的乐趣

LBL

巡视

:: 嘿！就是它了。

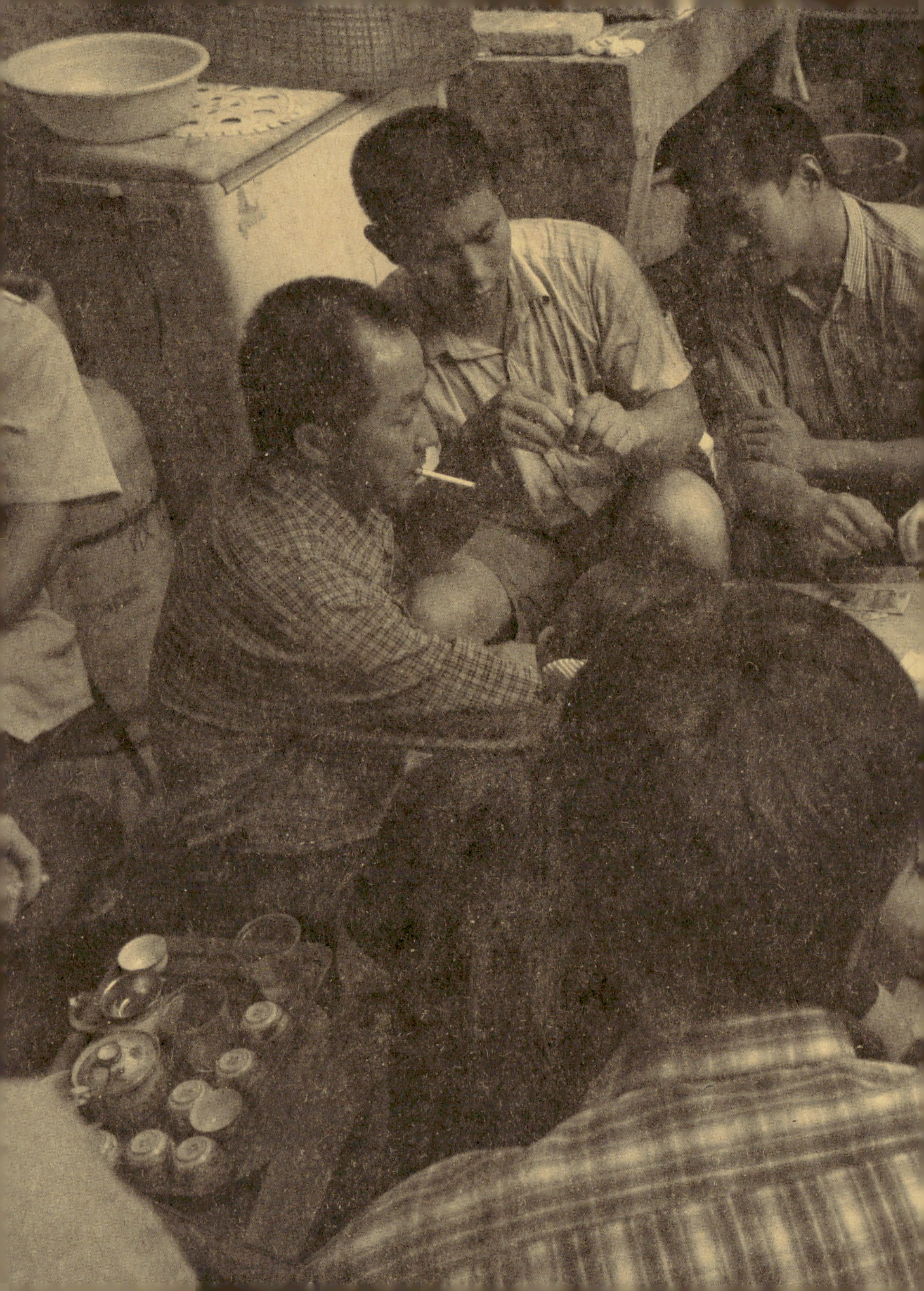

:: 哈哈，想试试吗？

:: 仅存的面人儿艺人

◎茶泯恩仇

钟宅人离不开茶，就像他们离不开海一样，无论年老的还是年幼的，他们都喝茶。但是茶在钟宅人的眼里决不是纯粹的茶，钟宅人喝茶时散发出来的也不仅是茶香，更多的则是钟宅的味儿。

清明过后的一天上午，虞哥正在治保主任的办公室里看着镇里发下来的文件。此时，两个钟宅的中年妇女一边吵着一边闯了进来，顿时，治保办公室就像炸开锅似的。对于这样的事情，虞哥已经很有经验了，他赶紧从椅子上站起来，笑眯眯地递过话儿去："二位婶娘，先坐下来再说嘛，坐下来再说嘛！"虞哥弯腰烧上开水，又洗干净茶杯、泡上茶。也许你不知道，这钟宅治保主任的官可不是好当的，但是，自从上届主任隆哥留下一句"请上座，泡好茶"的名言后，虞哥已经把这一经验运用到炉火纯青的地步。

泡茶泡茶，钟宅人请客人上坐之后的第一件事情就是泡茶。其实，饮茶并不是钟宅人独有的生活习惯，以海为生的闽南人，每每闲暇总是要泡上一壶功夫茶，于是烹水泡茶渐成时俗，钟宅人加入到茶文化的队伍中来是不知不觉的。古语"寒夜客来茶当酒"，在钟宅，即使是不大喝茶的人，家中也都必备茶具和好茶，因为泡茶是他们的待客之仪。但是这治保主任的茶可是大不一样，它是降火的工具，也是虞哥演戏的道具，办公的用品。

随着水烧开后的吱吱声，虞哥也把烫壶、烫杯的程序交替完成。随即他将开水高悬倾倒入壶中，随后，又倒掉茶洗中的水，再将开水直入茶中，顷刻茶香四溢，茶汤金黄中含有翠绿。钟宅人喝茶一般都得经过烫壶、洗盏、置茶、高冲、刮沫、低斟、闻香、品饮八道程序，所费的时间、功夫，多于喝茶。如果你心急，可能受不了钟宅人这种烦琐的泡茶方式，但你必须耐住性子，因为你不能驳了主人的面子，这是钟宅人的大忌。虞哥就是利用钟宅妇孺皆知的这一乡情，刻意放慢节奏，好让两位火气很大的婶娘坐在那儿消消气的。

一轮"关公巡城"与"韩信点兵"过后，虞哥开始请茶了，他给两位婶娘各端了一杯香茗送到她们面前，自己也端了一杯。

"都是自家人，有什么解决不了的事情。"

"她把我家的龙眼砍掉了"一个说。

"那龙眼是种在我家的祖坟上的。"另一个也不甘其后。

"我家虽然把那块地卖给你们当坟地的，但龙眼所占的地不包括在内嘞！"

"喝茶，慢慢讲嘛……"

"侄儿你可得给我们做主！"

声音虽然还是很高，但气却平和了不少，一场邻里纠纷的争吵，一场关乎"面子"的争端就这样，在虞哥的导演下结束了。茶是钟宅人的纽带，割也割不断，茶是钟宅人的净化剂，净化着钟宅人的恩恩怨怨。

老一辈的钟宅人受尽了各种艰苦，因此他们很珍惜现在安静、闲适的生活。在钟宅的大街小巷走走，你会经常看到，一棵榕树下的石板旁围着一群老人。他们或许在打纸牌，或许在闲聊，但不管是在干什么他们的身边总是离不开茶。没事做的时候他们泡泡茶，与老友攀比着，比比这个月谁的儿子给了多少零花钱，谁的女儿给买了件衣服什么的，尤其还会炫耀家里新添的茶。树阴下，凉风习习，老人颤抖着端起那清香的茶，用那干涩干涩的嘴唇慢慢地吸上一口，那种情调真是别有一番风味！■

:: 清香四溢

◎ 太平道士

钟宅有五座宫庙，澜海宫是其中最有味道的一座，说它有味道不只是它的每块砖、每片瓦都透着岁月的沧桑，还因为它那儿祈福最灵、香火最盛。钟宅人有个习惯，不管是盖房子打地基、上梁，还是家里吵个架、出门买个东西什么的，总是要到澜海宫去博一下，当虔诚的你口念着术语把圣杯丢下的刹那，只“喀哒”一声就决定了心愿的成与不成。签上说，“甲子，十万佛涛有风中……”到澜海宫祈福的早晚最盛。

傍晚，阿凤提着香烛、供品走进了澜海宫。

摆供品、燃香、进香、祈福、鞠躬、再祈福、再鞠躬、再再祈福、再再鞠躬。庙堂里，三三两两几个族人都依次顺序虔诚地进行着。

供桌上，水果、干果居多，佛龛里，佛祖在香雾里依然温润微笑地看着子民。

宫庙外，偶有谁家的狗用低音寻觅着同伴，暮蔼中，红砖厝在高楼的阴影下，如剪纸般的美伦美奂。

“你来祈求什么？”随她来的我问。

“不求什么，只是问个好。”淡雅得出奇。

“你知道太平道士吗？”

“哦，钟宅没有这个人，或是指我的曾祖父和我的爷爷。”

穿了件白衫的阿凤说，我的曾祖父，村里老一辈的人都叫他金在公。他是个很有才艺的人，那时村里有人家里盖房子、办喜事、待客，都是请他来操办的。曾祖父有一双巧手，写得一手漂亮的

毛笔字，还会刺绣，宫庙里的签都是他用小楷写上去的，并能把拗口的箴语解释得清清楚楚，他的学问如同他的胡须与长衫一样的绵长、飘逸。日本人侵占厦门后，曾祖父在中山路的店铺生意不景气，后又被浪人陷害让日本人给抓去关了数月，出狱后不久就过世了。

我爷爷叫太平公，他继承了他父亲的一套好手艺和一手漂亮的毛笔字，不但会画画、刺绣，还会办酒席，做小吃，连族人结婚用的贡糖、米香都会做。他还会占卜、释签，还能双手下油锅、赤脚踢木碳、吞火球。族人们习惯了就把他叫成了太平道士，他也乐得为相公祠、观音祠、澜海宫、祖厝做法事，1988 年，钟宅畲族民族村成立的法事也是他一手操办的。

阿凤说得很平淡，如同她生在钟宅、长在钟宅、嫁在钟宅一样的平淡。

阿凤说，钟宅变化最大的就是房子，她小时候房子没有这么多、也没有这么高、更没有这么新的，低低的古厝老屋，沿着石板路排排着。

阿凤说，原来，钟宅的生活很田园、很牧歌、很单纯，那时候村里的人不多，周围都是自己的

 族人，记得当时大家上山种菜门都不关，只是虚掩一下；夏天的气温高，夜里睡觉图凉快也是不关门的，躺在席子上，数着星星就睡着了。

“你家还有太平道士用过的东西吗？”

“没有啦，全在几个宫庙里面啦，哦，许多人家的墙上还有！”阿凤指着山墙上面的一道符说。

旧时钟宅人盖房子是很有讲究的，第一件事就是要选风水，要按照风水排方位、量地基，然后是选日子动工，破土前还要先拜土地公，铺厅前面的长条石也要拜，上梁也要拜，房子建完，房东请客还要拜，一拜再拜，透着畲族人对厝的虔诚，也透着钟宅人对家的重视。

“你看那墙上的符是什么意思？”

阿凤抬头瞅了瞅，很自信地回答：“那是太平公画的！”“记得小时候爷爷曾经讲过，这符是教人怎么避邪驱晦的……”

自古以来崇尚老庄的道士，以自然为本而拒奢华，多装神扮鬼，占卜、画符、驱除邪佞，还喜欢练丹，以求长生不老。神多、庙多，道士少，是闽南道教的特点，而闽道的道、神、仙合一使之闽道更为繁杂，也由此诞生了众多的岁时祭祀。钟宅有五座宫庙和一座基督教的教堂，就是没有道观，似也就没有道士，以“不为而天下为之”的太平道士，在钟宅服务了百多年，其淡雅之风传给了后代，更为钟宅畲族子嗣的延续助力，可谓是功德无量之人。■

◎ 夜·街·人

:: 钟宅夜市

畲族部落的夜晚，在想像中，那应该会是一群人，一群穿着别具特色服饰的畲民们，他们点着篝火、围成一圈、和着欢快的音乐，跳着夸张的山哈舞。可是，等你在夜幕降临后来到钟宅，满眼的那小城镇特有的，五颜六色的灯光，熙熙攘攘的人群，你怎么也不会相信，这儿就是个有六百年历史的畲族部落。其实，真实的钟宅有两个夜，在两个夜里有两条街。 >>

>> 外来人的夜，外来人的街

入夜后的钟宅，大街上摆满了各种小摊，有卖卤料的、有卖清汤面的、也有卖糕点的；街两旁的玻璃橱窗里陈列着流行时装，它们吸引着南来北往的靓丽、馋嘴的女孩儿们。

街的背后是网吧、影吧、台球场，还有露天的卡拉OK，忙了一天的打工者很喜欢游荡在这迷人的夜里，打工者住在钟宅，但他们不是钟宅人。

"小妹，刚到的短裙，来买一件吧！"老板娘伸手招呼着路过的妙龄女孩。

"吐吐——嗡——吐吐——嗡——"喷着热气的劣质吹风机，吹着女孩黄色的卷发，那头卷发刚刚还是黑色。灯光下略有些浮肿的她，被理发师称赞着："真好看、真好看！"

"吐吐"——一辆冒黑烟的拖拉机满载着砖石驶过街道，招致性感的女孩鄙夷的唾骂。

"羊肉串嘞、羊肉串嘞，刚出锅的羊肉串嘞，又好吃又便宜嘞"——不知道是新疆人还是宁夏人的小贩在弥漫着孜然与辣椒粉的烟雾中用蹩脚的普通话吆喝着。

路边的卡拉OK，被人群围了一圈又一圈，马路歌手扯着嗓子在嚎唱心中的歌。掌声后，是又一个歌手的登场。

网吧里挤满年轻的小伙子，他们多是华天学院的学生。虽然上了一天的课，可有些人还是会在这儿熬个通宵。

"网管，网管，这台机器怎么他妈的死了，再不来修我可要砸了！"

"宝贝，你爱我吗？我昨晚把你弄疼了吗？"一个男生学着女音在与网络那边的网友腻歲着。

"嘿，我闯过三关了！"啪的一声，一个游戏高手高兴地在炫耀着自己的功绩。

昏暗的灯光下，烟雾迷朦……网吧里有各色人等，玩游戏的人多，看三级片的人少，聊天的人多，看新闻的人少；在网吧里，你做任何事情都不会有人感到奇怪，男男女女来网吧，就是图个可以填补一天来或是几天来的那种空虚。

网吧乱，影吧里更糟，二人的小包间，男女看什么样的电影，做什么样的事情你都可以想像……这就是钟宅的夜。

"小弟，知道钟宅是畲族部落吗？"

"什么？"一个男孩儿傻傻地不知道怎么回答。

"这儿是畲族居住的地方，你知道吗！！！"

"什么是畲族，不吃猪肉的吗？可我看见他们什么都吃呀！"

住在钟宅的外来人，他们对钟宅的了解很有限，许多人并不知道这里是个少数民族的村落，只知道这里需要很多年轻的劳动力，这里可以租到很便宜的房子。

“钟宅人都是老板，他们都是翘着脚数钱的人。”外来者话里透着敬服。

“我们做事都很小心，毕竟这里是钟宅人的天下，虽然钟宅人对我们很好。”

当一两万的外来工形成一块极大的市场时，聪明的钟宅人却不知道为什么很少去重视它，街上的店铺不是钟宅人开的，卫生与安全也没有人打理，于是钟宅的夜就变成了外来人的夜，钟宅的街也成了外来人的街。

>>

>> 钟宅人的夜，钟宅人的街

钟宅人自己的夜在哪儿?

钟宅自己的夜，与动感大街形成对比，是在古厝老房周围展开的夜，这里的夜是安静的，街——巷——厝——都是安静的。与动感的大街相比，钟宅人似乎更喜欢原来的夜和原来的街。世代居住在村里的钟宅人，至多只是去菜市场买点菜、去超市买个什么东西就回，他们没有什么心思、也没有什么乐趣去逛钟宅的街。

"我每天九点就上床，夜里十二点会起来吃个宵夜。"阿雪说这话时，略微有一点的尴尬。

"我会准备好隔日的早饭，收拾好老公、孩子的衣服才睡觉，那也不会超过十点钟。"月娥补充着。

钟宅的老人最喜欢安静，夜里他们最喜欢的还是留在家里，看家、照顾孙子，这成了他们的主要任务。

中年人只是有重要事情的时候才会出门，对于他们来说，家的稳定和富足才是追求的目标。

夜对于钟宅年轻人来说，更容易躁动、更容易制造激情。因此，偶或漫步在静谧的小路时，习习的晚风会捎来少男少女们甜蜜的笑语。

钟宅的年轻人一般都在本村的小学上学，升中学时才会升到禾山去读书。从童年的玩伴到学校的同学，大家几乎都在同一个班级里，有的还一直是同桌，由此他们之间的感情非常的深厚。他们最大的娱乐是聊天、泡茶，或是在一起聊起

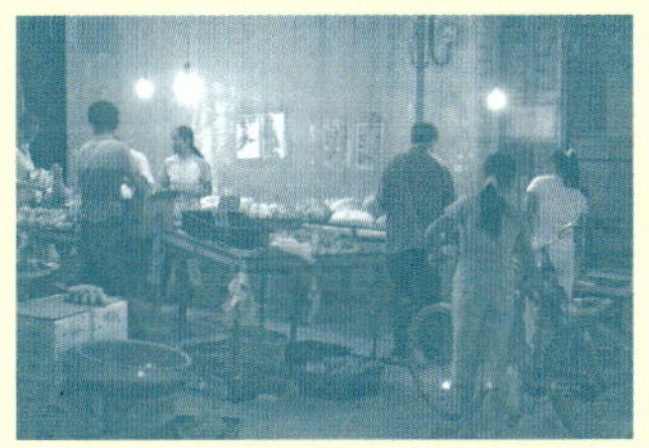

童年的往事。他们对到过哪个人的家里吃过几顿饭，拿过哪个人的几样东西都记得很牢，这些往事显然已成为他们之间情感的纽带。

他们当中，好朋友是哥们儿，是兄弟，还有更亲密的，那就是结义兄弟。在钟宅，兄弟越多村里就越没有人敢欺负你，结义是一种联盟，入盟的兄弟间谁有难大家都会挺身而出，不然就会被视为不义，因此受到族人的唾弃。

在钟宅，女生也结义。经常在一起的玩伴感到能成为好姐妹时，就到宗庙里举行结拜仪式：买些祭品，互赠礼物，拜上几拜，好姐妹就可以同年同月同日死了。她们之间少了男孩子那种江湖侠气，但多了侠女的柔情。

对于心里话，年轻男女们一般是不跟父母讲的，他们只会跟自己好朋友讲，跟自己的结拜兄弟、姐妹讲。他们聚到一起，可能在自己的房间里，可能在钟宅的小巷里，也可能在海边的堤岸上，向朋友倾诉心中的爱或恨，畅谈着对未来的构想。

不管是初恋的情侣还是热恋的情侣，他们都喜欢钟宅的夜，喜欢钟宅夜里的这份安谧。夜，给了他们抒发感情的空间，夜，是他们死去活来的时刻，更是男欢女爱的良辰。

钟宅只有一片天空，却有着两个夜，两个夜里生活着两个不同族群的人，也许这就是钟宅吸引人的地方。■

◎ 爱拼才会赢

“人生就像海上的波浪，有时起、有时落，好运、歹运总要照起工来走，三分天注定，七分靠打拼，要拼才会赢。”这是最经典的一首闽南语歌曲，广为流传于海峡两岸的民众口中。

文琪说这歌里唱的就是她。人称钟宅辣子的文琪，曾经管理过上百人的食品厂。说起食品厂，文琪婉约笑意后面总流露出些许苦涩，然后会哼出“三分天注定、七分靠打拼”的歌儿。

文琪不姓钟，她是从外村嫁到钟宅来的。文琪个子高高、眉清目秀的，外带一张伶牙俐齿的嘴，做起事来噼里啪啦、风风火火都带着响声。

她相信只要信念不灭，总有一天她还能有二次创业的机会。 >>

>> 卤店春秋

嫁给一个开加长"林肯"轿车的帅哥，是村里很多姐妹们所羡慕的，尤其是当帅哥驾着"林肯"来接文琪到环岛路海边兜风的时候，那画面太迷人了。

婚后，文琪离开了工作七年的针织厂，走进了夫家。原想从此就过上相夫教子幸福生活的文琪，怎知道先是公公重病住院，再是老公的工厂倒闭失业在家。闲着在家里养胎的日子里，文琪的脑袋瓜里始终有一个声音在叫着："我要赚钱！赚钱，要赚钱！"

文琪说，女儿出生的那天，老公刚好出门去了，公公和婆婆在产房外一直等到夜里十二点。"孩子'哇！'的一声我兴奋得不得了，可再一看是女儿，我就哭了——老公是独子，公婆希望我能给生个男孩。"那晚公公很失望，进去看了一眼就摇着头无奈地走了。

文琪是在大家庭里长大的，她虽最小，但父亲从不娇惯她，她也就从小养成了从不服输的性格。倔强的文琪第二天愣是一声没哼就自己下床出院了。

刚过了满月的文琪，盘算着在村口开家小小的卤料店。她向隔壁的老阿婆租了间不足八平方米的小店面，就在那里，开始了她人生的第一次创业。回忆起当时的情景，文琪的脸上闪着一点小小的兴奋。

文琪说："那时，感觉浑身都是劲，是真的兴奋啦。店面虽很简陋，夏天太阳一晒像蒸笼一样热得直冒汗，冬天北风冷飕飕的冻得人直发抖，下雨天屋外下大雨屋里下小雨，最要命的是连自来水都没有，要到房东家的井里吊水、提水。"

"家里买了小货车，老公进货出货，只有晚上回来时才能帮我一会儿，卤店的大小事全靠我一双手。有时卤店要到晚上十一二点才关门，在冬天既冷又黑的晚上，在一弯一拐的小巷里，我几乎一路小跑着回家。"

"卤店刚开始生意并不好，为此我就琢磨着开发其他产品。那年市场上流行冷冻食品，而且利润很高。于是我也尝试着做水饺、做芋丸，做好了先给亲戚们试吃，他们都说不错，这给了我很大的信心和鼓励。开始我小做了两百斤芋丸，拿到市场上顾客反映很好，那回头客也就逐渐多了起来。由于都是手工的，一个人忙不过来，就又请了几个临时工帮忙。我买来盒子和塑料袋，把芋丸和水饺定量装起来卖。可才没有卖几天工商就来找了，说产品没有厂名、厂址、生产日期，属三无产品要查封。我真的不知道什么叫三无产品，更不知道怎么才叫三有，原本以为只要东西做出来有人买就可以，没想到还有这么讲究。"

"好，要三有，咱就三有。"为了不错过这个瞅准的好时机，文琪和丈夫决定把生意做大。他们索性关了卤料店，在村子的旁边租了一间更大的房子，把家里的积蓄拿出来买了绞肉机、拌料机和两台冰柜，又到工商、税务机关申请了营业执照，到卫生部门申请卫生许可证，她的冷冻食品加工厂就正式开张了。文琪说，他们的生意非常好，每日把加工好的肉丸、芋丸、芋卷等产品批发给周边农贸市场的小贩们，都不够卖的。

“生意好我乐了，我把自己‘绑’在了厂里，没有休息日，没有节假日，工人回家了，我也不回。有一次客户定了几十斤的芋卷，为了准时供货，我竟关在店里干了个通宵。建在村边上的食品厂，四周都是田地，又是冬天，夜里大风把卷匝门吹得哐哐直响，我连厕所都没敢去一直忍到天亮。”文琪感慨道，“那时，我的愿望就是这辈子能赚到十万块钱就好了。”

>>

时间转至1999年时，文琪的食品厂已经有两百多平米的厂房，加工市场上流行的台湾香肠，每天那利润甚是可观。“做香肠的工序很烦琐，开始时也无人指导，全靠我自己去琢磨。两个月过去了，可香肠却还是没能研究出来。我那时的心情坏透了，难道就这样结束了吗……我狠狠地拧了一下自己的大腿，不行，我要用成功证明自己的能力。”文琪显得有些凝重。

就在她一筹莫展的时候，有个食品厂的技术员把技术转让给了他们，这对困境中的琪不啻于一根救命稻草。在他的指导下，文琪亲手做出了平生的第一串香肠。当香肠出炉的时候，一向坚强的文琪第一次在人前掉下了眼泪。

文琪回忆道：“香肠是做成了，但色泽、口感和其他厂家相比还有很大的差距，客户很难接受。近半年时间我是把自己关在配料室里，把买来的其他厂家的产品，一次次地尝、一次次地试，琢磨看与别人家的香肠差在哪里，是咸了还是甜了。这期间，好多产品送出去又被退回来，次品堆满了整个冻库，放久了只能拿去喂猪，别说赚钱，就连吃饭的钱都没有了，有时候甚至连寄货的几百元钱也没有。而有一阶段更是拿起香肠就要吐，经过上百次的比对和实验，我们的产品终于让客户接受，我们成功了！”

文琪的香肠虽然口感不错，但要挤进厦门市场很难。于是她决定把香肠销到厦门以外的城市。几经周折，他们终于在福州找到了第一个经销商，赚到了平生第一笔五万块钱。“五万块呀，我掂着那厚厚的一叠钱开心死了”。

2000年和2001年是文琪事业的最高峰。各地经销商接踵而来，工厂每天都要加班到十二点。“我也亲自下到第一线，和工人一起转肠、搬货、剪线，凌晨四点，再帮老公装车送货。那时我们把家都搬到厂里了，就在办公室里隔了一间只能放一张单人床的卧房，厨房则在楼梯转台上。”文琪说，就是在2000年怀上儿子时，我仍住在厂里。晚上一家四口挤在小床上，感到无比幸福和欣慰。

儿子的出生给这个家带来久违的欢声笑语，一向重男轻女的公公对他们的态度有了一百八十度的转变。每当有人夸文琪能干时，他总是说，“文琪辛苦了，文琪太能干了，真有出息呀！”

2001年，文琪盖起了属于自己的厂房，厂房总面积有一千多平米，有住家、有操场、有花草。年底她把工厂和家全都搬过去了。在那时真应了天时、地利、人和的古话，生意蒸蒸日上。隔年，他们把厂房又加盖了一层，还买了轿车。

文琪说：“那时感到钱来得真容易，我早已实现了赚十万块钱的愿望，我们已积累了上百万的资产，可还是渴望再能创造十倍、百倍的价值，有道是‘人心不足蛇吞象’，这句话说得一点也没错。夏天到了，我们一家四口开着车在环岛路去兜风，海风吹在脸上，清凉透入心底，那一刻，那一种幸福从心底缓缓溢开。”

“嫁到钟宅那么些年，我终于以我的双手得到了村里人的认可！”说这些的时候，文琪的眼圈有点红了。

2003年的“非典”，像一场台风席卷整个食品行业，对冷冻食品的打击尤其严重。“非典”期间，文琪在各地的生意一落千丈，从原来每天销售几吨掉到一天只有几百斤，有时甚至一斤都没有。“非典”持续了半年，文琪的工厂每月都处于亏损状态。“非典”过后，紧接着是原料价格的不断上涨，成本提高了，可香肠的价格却难以回升，这对文琪这样的小型厂家来说无疑是雪上加霜。文琪咬牙挺着……屋漏偏逢连夜雨。文琪的主要客户因积劳成疾得了肝癌早逝，没过多久另一个客户也因车祸而亡。这双重的噩耗深深地震动了文琪，她开始从亏损的焦虑中冷静下来：“多年来，一心想着赚钱，没日没夜地干，常常因不按时吃饭犯了严重的胃病，常年奔波更无暇顾及一对儿女……人活着，难道就只是为了赚钱？赚多少才是个尽头呢？”文琪强忍着泪水解散了工人，关掉了自己投注了数年心血的工厂。 >>

工厂关了，文琪与老公登上了北去讨债的列车，开始了对她来说比创业更艰难的一段心路历程。

腊月的北方，一路上雨雪霏霏。初次北上的文琪被美丽的雪景所吸引，路上不时拿相机拍照。可是，第一站到九江他们就碰了一鼻子灰，这让文琪本来愉快的心情一下子掉到谷底。

"欠我们货款的商家并不欢迎我们，谈到货款的事他反以我们停产造成他的损失更大做借口，还要我们补偿。"文琪说，"那天下着雪，气温只有零下四度，坐在他家的客厅里，简直就像掉在冰窖里，我的手和脚冻得发抖，只有手里的那杯开水，才稍稍去些寒意。"

"那欠我们钱的商人是'横着扁担走路——霸道'得很，我生性就气不过这个，再说那也是我们的血汗钱呀。我们大吵了起来，吵得忘了冷。眼看天色晚了，老公心疼我让我先回酒店。我气嘟嘟地回到酒店，这才想起不该把老公一个人丢在那里。我在酒店里坐也不是，站也不是，脑海里尽是一幕幕情景，老公会不会和他们发生争吵？在别人的地盘，他们会不会找人行凶……就这样提心吊胆，等到天全都黑了，才见老公垂头丧气地回到酒店。那时我其实是松了口气，讨回讨不回已经不重要了……那天晚上我们草草地吃了饭，早早地睡了，可是我们谁也睡不着。"

"转天我们离开了寒冷的九江，在车上昏昏沉沉地睡了四个多小时到了武汉。汉口火车站外面，人流熙熙攘攘。我们找到一间看起来卫生较好的餐馆，可端上来的菜都是又辣又咸，难以下咽。饭后，我们就打听睡觉的地方，可一打听房间不是280元就是300元，吓得我们退避三舍。我们一家一家地问，一家家地找，走了好几公里。"

"第二天一大早，我们到了武汉万吨冷库。要找的老板不在，他老婆推说她什么也不知道，让她带我们去找也不肯，连椅子也没有让我们坐一坐，其实是'海螺壳里睡觉——不肯露头'。寒气中我不时跑到外面去，找有阳光的地方暖和一下，我们僵持了近三个小时。我们闽南有句话，'人肉咸，咸咸吃不得'，毕竟不是他老婆接的头，有什么办法呢，最后我们只好走出冷库，背着行李在马路上窜来窜去，那时我真的想家了，想回我们的钟宅，我站在马路上急得快哭出来，在举目无亲的他乡谁来帮帮我们。"

第二站又失败了。

"到上海去看看吧。"老公似乎看出了文琪内心的绝望，实在不忍心让她再难受下去，于是来到了向往已久的上海。和在武汉一样，我们为找便宜的旅店在外滩周围走了好几圈，最后走进离城隍庙不远的一家酒店，住进280元一天的房间。老公说："文琪，我们辛苦了几年，就享受一晚吧"。"上海的外滩真漂亮，我们夫妻俩在那留了影，我们看到了南京路的人潮，真比厦门中山路的人多多了，品尝城隍庙的美食，还观赏美丽的黄浦江夜景……出门有一个星期了，我这时忽然有那种归心似箭的愿望。老公执意要往郑州讨债去，那时郑州已是零下九度，真去了也没有结果，还要多花钱。我硬是拽着他坐上了回厦门的飞机"。文琪长叹一口气，"回家的感觉真好！"

文琪说："休息是为了走更长的路，如今的现状比上不足比下有余，我常以此安慰自己。我也安慰老公，大丈夫能屈能伸，拿得起也能放得下。我的工厂虽最终以失败告终，但我觉得虽败犹荣，这次经历给我们创造了不少财富，让我们在成功与失败间学到经验和知识，这是我们人生的一大转折点。"

文琪转过头问："你会唱我们闽南的那首《爱拼才会赢》么？"

文琪轻轻地哼："人生就像海上的波浪，有时起、有时落，好运、歹运总要照起工来走，三分天注定，七分靠打拼，要拼才会赢。"

文琪的心里，一直有个梦。不管是许多年来，还是许多年后，这个梦一直支撑着她在理想与现实之间，顽强地伸展…… ■

歌仔今生

◎ 端午满宅肉粽香

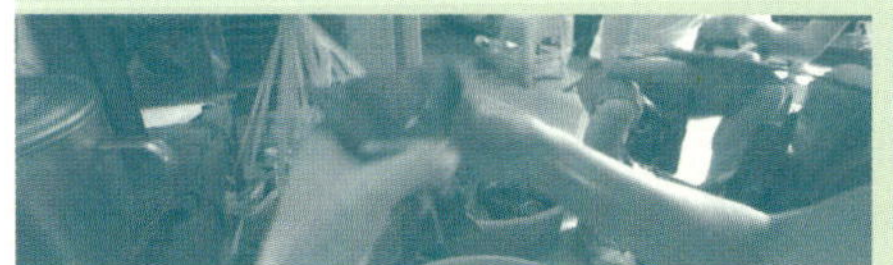

轰轰烈烈的清明过后，钟宅又恢复到以往的平静之中，烧“王船”四年一次，“吃祖墓”一年一回，虽然在钟宅每月都有可以庆祝的节日，但还是各家或几家邻里走动的时候多，全村在一起聚会的少。只有小孩子扳着手指头算着又该过什么节了，因为过节就意味着大吃一顿，就意味着有很多客人来而大人们会少管他们，这样他们就可以撒欢儿地玩儿了。

今天是端午节。说来也怪，端午节在钟宅算不上是个什么大节日，因为这天全村的人都不用祭祖。

“往年的今天我是不包粽子的，可今年一听说老大要来，看来我这肉粽是非包不可了。”月娥是在自己叨咕着。

早上五点刚过，月娥就利索地起了床。先把昨天买好的粽叶（包粽子用的叶子）泡上，提上菜篮就直奔菜市场。称了糯米、排骨、香菇、虾仁、海蛎干、水果……呵，满满的一筐。回到家，就被刚刚起床的女儿撞了个满怀。

“阿母呀，干吗买这么多好吃的，要包肉粽呀，有客人来呀？”

女儿从小就是人来疯，见到有好吃的、有客人来就一脸的兴奋，跑东跑西地帮着忙活。

洗好粽叶、炒好糯米、卤好排骨时已是九点开外了。阿花如约到了，就如同当年约好一起上学的那样准时。“说真的，从钟宅的姑娘、到钟宅的媳妇，到钟宅的母亲，我做什么都行，可就这包粽子的活儿差点，这不只好请阿花来救火了。”

“今天谁来呀？”阿花问。

“老大！”

“老大是谁呀？”

“是个北佬，就算是孩子他舅吧。”

阿花真是个巧手媳妇，她捡了块五花卤肉尝了尝，边抹着嘴边说：“料还不错，味道也还正，就是少了点鲜，这样吧，来点咸鱼末点一下，兴许更好。”

月娥赶紧把柜子里的咸鱼找出来，切碎了拌在馅里，别说，那味道就是与众不同。

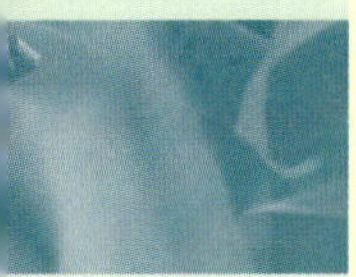

"你怎么把个粽子包得有棱有角的。"月娥瞧着阿花的手直犯愁。

"哎呀，就这样、就这样！"阿花忙过来把着她的手翻叠着粽叶。说来也怪，一样一样的料到了她的手里竟那么听话，三转两转的一个肉粽就像个胖儿子般地生了出来。

不到十点，肉粽全包好了。月娥数了数有五十多个呢，"也不知道够不够，老大喜欢不喜欢吃！"她心里念叨着，忙着准备着下一道菜。

不一会儿，高压锅里闷着的肉粽香味充满了整幢屋子。

"阿母，让我吃一个嘛，一个就好！"女儿从里屋窜出来缠着要肉粽吃。

"……阿母，让我吃一口嘛，一口就好！"女儿的叫声让她想起了从前：

月娥小的时候，家里很穷，一年到头也吃不着几次肉。她是家里的老大，下面还有一个小弟，按照闽南的习惯，有肉是得先紧着小弟吃的，谁让他是家里的男丁呢。记得那次也是端午，姨妈与表姐要到月娥家做客。

"端午家里来客人总得有个肉粽吃呀！"记得阿母那时很犯难。

阿母还真是有办法，那天总算淘来了一点海蛎、糯米、香菇来包肉粽，而卤肉则是从叔公家讨来的，虽然只有小小的几块，但那足以让肉粽飘香了。

阿母包好肉粽，把它煮熟并吊到走廊的中脊上。

"……阿母，给我吃一个嘛，一个就好！"月娥像刚才女儿的叫声一样，哀求着阿母。

"就这么一点肉粽，让你吃了我拿什么招待客人？"阿母丝毫不为女儿的哀求所动。又瞅了一眼那高高挂起的篮子，这才放心地拿着锄头上山干活去了。

暖风徐徐，诱人的肉粽香味仿佛故意捉弄月娥似的，在四面八方弥漫着并飘进她的鼻子，馋得她痒痒的直想流口水。月娥就这样望着那高不可及的篮子，就着那香味，睡着了。那一年，月娥七岁。阿母因为客人而"无视女儿的存在"，让她着实"记恨"到今天。

女儿的叫声让月娥想起了从前，其实做母亲的也真不容易。

钟宅民风纯朴，钟宅人也都好客热情。“有朋自远方来，不亦乐乎？”这种诗样的话儿虽不是每个人都会说的，但善待来客的心绪大家都是有的。以前物资匮乏，没有什么上得了台面的山珍海味，一杯糖开水，一碗蛋煮面，就足以显示主人待客的诚心了。记得中学的一位英语老师说过：“月娥，我最喜欢到你们钟宅家访了，钟宅的妈妈们煮的卤面又好吃又大碗，每每让我吃个肚圆而归。”

尝过肉粽的女儿在洗着杨梅。这龙海浮宫的杨梅是他爸昨天带回来的，个个有乒乓球那么大，紫红紫红的，用盐醋水浸泡后，酸甜的汁儿乎要顺着刺淌出来，看着就让人嘴馋得不得了。

“哎呀！！我的妈呀！”随着一声尖叫，只见女儿从厨房里冲了出来。原来是梅里有只虫。看着女儿那惊慌失措的样子，月娥和阿花都笑弯了腰。女儿不乐意地瞪了两个大人一眼又转进了厨房。

“知道不，六月十九村里要演十几天的歌仔戏呢，就在佛祖宫外的戏台。”阿花不愧是村里的小灵通，没有她不知道的事。

其实每到神明过生日时，村里都会请周边的歌仔戏团来唱戏。那个时候最开心的是孩子们了，因为亲朋好友要来钟宅看戏，家里就会准备很多好吃的。以前村里菜市场没什么可买的，要想做顿好吃的都得到江头去买料。这样谁家有来客总免不了要手忙脚乱地忙活一番。而每家都会倾其所有，把平时不舍得吃的东西全端上桌子：酒是自家酿制的老酒，甘醇怡人；鸡鸭是平日里自个家里头养的，香而不腻、嫩而不钝。一阵喧哗、一阵心乱后，客人尽兴而归，主人也为尽到地主之情而心安。

“哎，最苦的是当家的媳妇了，常常为了这一顿要节衣缩食好些日子。”想起这月娥就想起那个不是很久远的年月。

肉粽端上来了，米粉也炒好了。那白白的米粉、绿绿的蒜苗、肥肥的海蛎、喷香的虎背菇，摆在桌上，就是神仙也腿软呀。十二点，老大一行从骄阳中走了进来，看着他们大汗淋漓的样子，才发觉今天真是闷热。

“哇，这么香、这么多好吃的呀！”老大说着就要下筷子。

“不急、不急嘛，先喝口茶汤。”月娥这是怕老大急着吃吃坏了身子。

老大吃得很慢，给人感觉是肉粽不合他的胃口。月娥小心翼翼地问道：“难吃吧？”老大的回答让

月娥定下心来。

“怎么会？很好吃的啊，太热了，我得慢慢地吃才能多吃些。”看着老大满额头的汗珠，月娥相信了。

大凡主妇都有这样的心里，看着吃饭人狼吞虎咽的样子，就会冒出一种莫名的成就感。月娥当然也是。老大吃得很慢，望着桌上那不见少的肉粽、米粉、海蛎煎，月娥不禁有点失落。

“一定不好吃吧，不然怎么会剩这么多？”老大吃完一抹嘴，叫着：“赶紧把剩下的给我包着，我要带回去吃！”粽子是为纪念屈原大夫，投给他吃的祭品，听说北方的米粽跟钟宅的肉粽相差很多，今天的肉粽能否在老大的脑海中留下些许印象？月娥期望着，惶惶然。

女儿端着洗好的杨梅从里屋出来，这么小就这么有礼貌，该夸夸她才是，月娥心里惦记着这个小魔头。

忽然老大从盘子里拿出一张字条，愣愣地看着。月娥走近一瞧不禁笑出声来，原来是女儿用铅笔歪歪扭扭地写着：“此梅无虫，请放心食用”。“哎！真是‘此地无银三百两’，这个调皮的孩子。”

此时，窗外已是满宅肉粽香。■

◎“候鸟”

在满宅温馨的肉粽香味中，钟宅人尽享着云层下的柔软时光。隔壁的淑珉家可没有这么悠闲。淑珉家没有男孩，因此淑珉妈总爱大声唠叨：“都怪我们家里没男孩，从小就把她当男孩养，这下可好，真出个假小子了。”

钟宅基本上每家都是一对儿女，可淑珉家是个例外，因此每次听老妈这样说的时候，淑珉总要反唇相讥：“什么假小子，我是假的吗？是真的嘛！”

淑珉妈话里的“怨”是有缘由的，连着生了两个女儿，使她在房中的角落里特别没面子，看着公公、婆婆拉长的脸不说，这家将来可怎么传承下去呀？

按照闽南的习俗，家里没有男丁是一定不旺的，因此没有男丁的家或招婿或抱养个儿子来冲火。可当村干部的丈夫不干，总怕抱养个儿子回来亏了两个女儿的养育，因此就说好将来招一个、两个女婿来家。“谁知这世道变化太大，淑珉的妹妹不等姐姐招婿就先飞了，自己在厦门结婚安了家。这招婿的事看来只有靠淑珉了。”淑珉妈叹着气，坐在树下想着心事。

第一次见淑珉，印象最深的就是她那张笑起来圆圆、红扑扑的脸，这张脸自始至终笑个不停。后来，才知道这小妮子刚刚领了结婚证，正是那待“婿”闺中的女儿，不乐才怪呢。

说起招婿的事，淑珉总是很认真地更正说，她那是“候鸟”，随即哈哈大笑不止。淑珉说，他们的恋情从一开始就很有意思。

:: 我们只是保护自己

大厝·钟宅

文字·图片 强涛

“一天一个要好的女友跟我说，有个男孩子挺不错的，介绍给你认识吧。”

“以前也有人给我介绍过男朋友，我总说不要，不要，我还小哩。这次也不知道怎么口一松，就应允了。”

淑珉人称假小子。她说：“妹妹出嫁后，我的婚事就成了我们家的大事。”

相亲那天，淑珉一家子，她女朋友，就连女朋友的妈妈也赶来助阵。浩大的相亲团把那男孩吓得够呛，事后大家都夸那男孩好。

钟宅习惯在相亲那天双方是连茶都不能喝的，否则婚事成不了。淑珉可没有管这些，他们不但喝茶，还吃饭，而且吃的还是火锅，大热天一大群人围着吃火锅，想来真是够有气氛的。

淑珉说：“我一向不怕什么的，但那天还是有点不自在，第一次感觉手脚没地方放。一会儿，我就找借口跑到楼上看电视去了，那男孩子不久也跟了上来。那会儿我手心都有点出汗，盯了半天的电视也不知道里面演的是什么。心里一个劲地在想，这家伙怎么也不说话。还好，那男孩先开口了，‘我叫鹭鹏，鹭岛的鹭，李鹏的鹏。’”

“我一听就笑出声来，‘哪来的鸟人，名字里有这么多鸟？’当然后来我也为自己的不礼貌道歉了。”

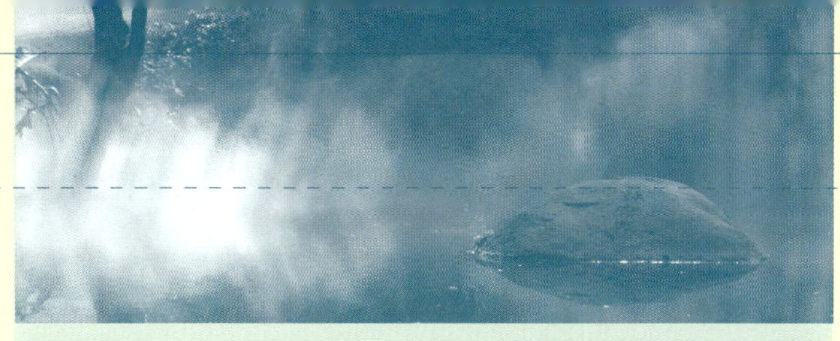

:: 当美丽遇到美丽

后来的后来，两个人终于走到了一起，淑珉这个假小子“候着鸟”后就比以前更“放得开”了。而这一放可不得了，用淑珉妈的话来说，“把人家好好的一个男孩子搞成这样。”

淑珉属猪，圆圆的脸，白里透红，粉红的会让人忍不住多看一眼。她最招人疼的还是那灿烂无比的笑，走街串巷，逢人就叔公长、婶娘短的叫个不停，嘴巴甜得可以滴出蜜来。

淑珉是学校里的大姐大，畲族有个传统的藤球运动，她三弄两弄竟成了藤球队的队长，还代表钟宅参加过全国少数民族运动会。在学校里偶而碰见男生欺负女生，她总会气嘟嘟地跑过去，在男生眼前挥着她的小拳头，凶巴巴地说：“你再捣蛋，我揍你！”吓得那男生气势顿然矮了一大截。

“你打得过男生吗？”

“想当年，我打赢过两三个小男生呢。事后他们不服气，说好男不跟女斗，是让我的。我说，那再来呀，他们撒腿就跑了，哈哈，他们是真的怕我呢！”

淑珉学过武术，武术班刚开始有五六十人，后来就只剩下十几个了，那十几个中只有淑珉是女生。想起那会儿的光彩，淑珉得意洋洋。

淑珉的“鸟人”比她大三岁，钟宅的风俗里有“三六九不行”一说，就是说男的不能比女的大三岁、六岁、九岁，这样的结合不好，但是淑珉说：“遇上了就是遇上了，这年头谁还管那么多呢，再说你们早干吗去了，这会早晚了。”

与钟宅别的女孩不同，淑珉的恋爱基本上是在电影院里完成的，但看得不是爱情片，而是恐怖片。每逢约会，淑珉总拉着她的“鸟人”横穿大半个厦门岛，一头钻进中山路的思明电影院。什么《咒怨》、《鬼铃》、《鬼来电》，淑珉是一集不落地尽收眼底，全然无视身边的“鸟人”瑟瑟发抖，还要佯装坚强的可怜相。

据说，淑珉还是小孩时，一次跟着父亲去朋友家玩。大人在旁边聊天，她指着一张碟片说：“我要看片。”伯伯说：“那是恐怖片，小孩子不要看，看动画片好不好？”

“不要不要，我就要这个。”淑珉“哇”地就哭出来了。

大人们拗她不过，只好给她放了。于是，她一个人津津有味、大呼小叫地坐在那把片子从头看到尾。淑珉说：“我也不知怎的就是爱看恐怖片，还记得那个恐怖片里有一个镜头，一个人身上忽然爬出好多毛毛虫，有点恶心，却很刺激。所以喽，如果鸟人他爱我，自然也要爱我的恐怖片了。”

为这老妈没少叫她收敛点，“女孩子该有个女孩子样。”淑珉则回击：“我是假小子嘛！”

“你现在忙什么呢？”

“忙着娶老公呀！”淑珉不假思索地脱口而出。人们一脸的惊讶……淑珉有太多让人忍俊不禁的可爱。■

◎ 钟坪咏叹调

一个五十开外的男人左手拎着篮子，右手扶着一个女人走进庙堂。

“坪哥，又带嫂子来啦！”

男丁笑着点点头回应着“嗯。她硬要来，我就陪她来了。”

大伙儿都自觉地往边上挪挪，给他俩腾出点位子。女人的脸有些苍白，男人小心翼翼地扶女人跪在佛前的蒲团上，自己上前把供品摆好。这些本是钟宅女人家做的事，他做起来不但娴熟还很自然、随意，一点也不见得怯涩。钟宅的女人们背后总爱开玩笑说：“嫁人就要嫁钟坪那样的。”眼前的这个男丁就是钟坪。在钟宅，钟坪称得上是好男人的典范，是个好儿子、好丈夫、好父亲。

钟坪的母亲生下三男三女，钟坪排老二。他从小就很懂事，很上进。在三餐不济的年代，钟坪跟着大人上山下海，还学着给人家看风水，那时他才十七岁。钟坪二十岁那年结了婚，也不知哪来的胆，他借钱、贷款，与人合伙办起了养虾场。可是由于经验不足，虾一直养不活，借来的十几万打了水漂，一去不回，这笔天文数字成了压在钟坪肩上的一块巨石。

屋漏偏逢连夜雨。小女儿出生的那一年，钟坪的妻子得了尿毒症，每月都要到医院洗肾，住一次院就要花费上千元，钟坪只得四处借钱。在别人看来，他妻子的病就像一个无底洞，这旧债未偿又借新债可怎么还呢。亲戚朋友开始支支吾吾了。可钟坪说什么也不肯放弃，他信一个理“这辈子能做夫妻是老天爷

270

给的缘分，辜负了她就是辜负了老天爷”。他变卖了所有家当，陪着妻子辗转于厦门各家医院。

半年过去，妻子的病毫无起色。妻子攥着他的手说：“咱回吧。要死也要死在自个家里。”钟坪背过脸去，抹一把眼泪，他不甘心啊。后来听说要彻底医好尿毒症的办法是换肾，而福州的一家大医院可治，治这病要花二十万的医药费。

正在钟坪一筹莫展的时候，一位朋友站出来帮他贷了十万元的款。钟坪把儿女寄在母亲那，揣上钱带着妻子去了福州。

在福州给妻子治病的时候，钟坪发现外面批发的一种治疗肾病的药，价钱比医院里便宜很多，于是他就买来卖给病友。就这样，整整一年的时间，钟坪在福、厦两地之间来回奔波，他用赚来的钱维持了妻子的治疗和两个人的生活费用。一个偶然的机会医生帮他们找到了适合的肾，并做了手术。当妻子被推出手术室的那一刹那，钟坪的眼泪“唰”地掉了下来。

或许是钟坪的真诚感动了老天爷。妻子手术后，钟坪的幸运也接踵而来，先是他在山上的香蕉地被机场征用了，补偿的几十万元不但还清借款，还有余存。于是他以三分的高额利息又借贷了三十万元，与别人办起了工艺品厂。

工艺品厂生意非常红火，利润很高，短短的几年时间，钟坪就已积累了几百万资产。

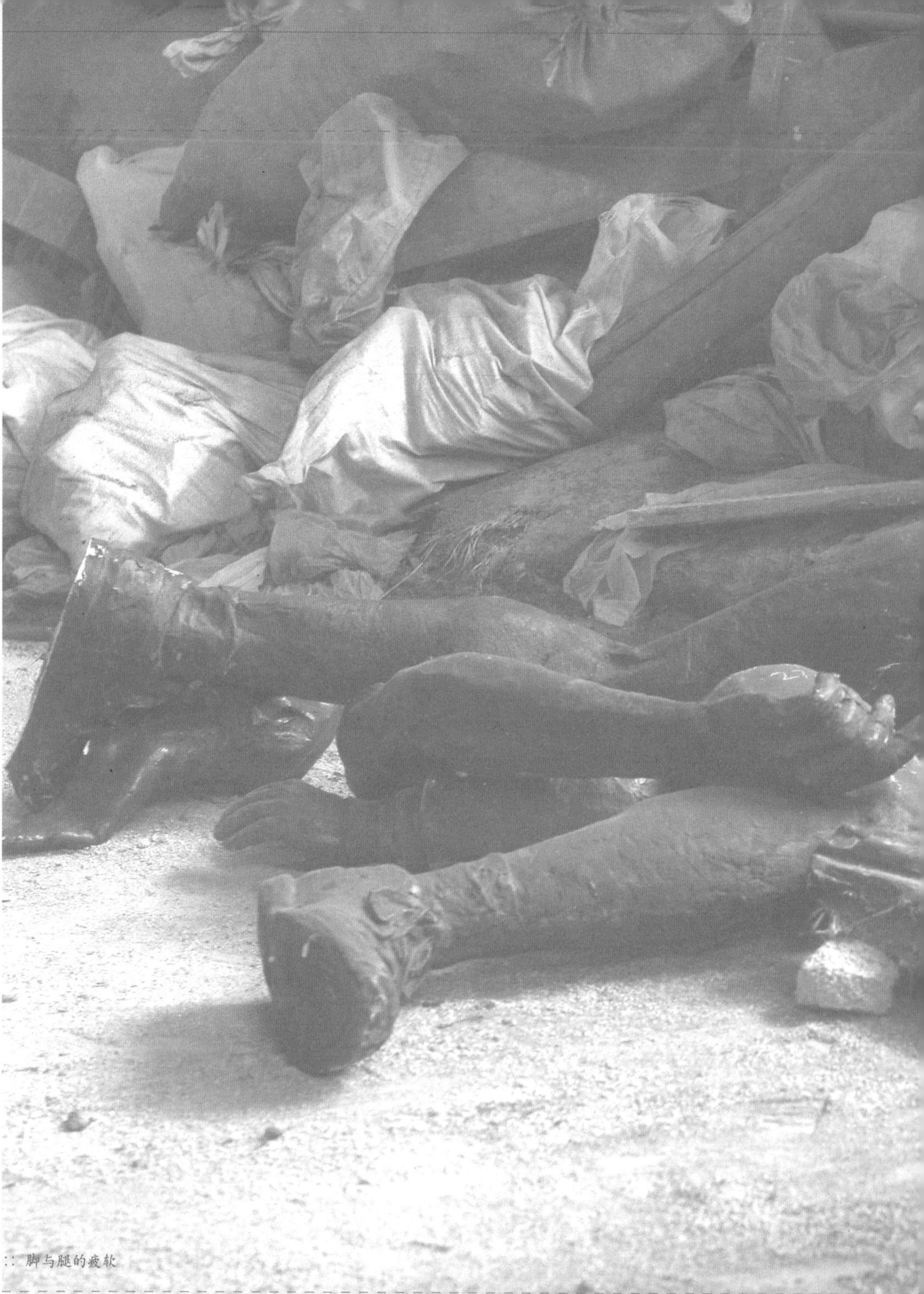

钟宅 五房 二十二代 七百多户 三千八百多人

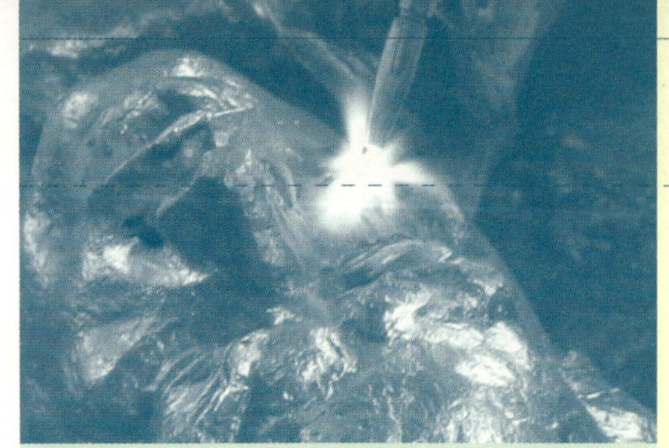

2000年工艺品厂土地被征用了。钟坪又与人合伙办起了塑料厂。头一年生意不好，转过年工厂扭亏为赢，生意蒸蒸日上。

钟坪富了，可他从没有忘记那些帮助过他的人。不管是托他找工作的，还是担保贷款的，只要能帮得上忙，他从不推辞。

对妻子他更是关爱倍加，再忙他都要亲自到市区买药，定期到福州检查。钟坪说了："丈夫养老婆，天经地义的。想来是我上辈子欠她的，这辈子非还不可。"钟坪相信人是有因果报应的，他和妻子都很信佛，每逢村里的宫庙过节，他都要捐一笔钱，而且，每一次都会陪着妻子过来，上一炷香，叩几个头。

钟坪说："我不怕变化，因为这一生起落波折太多，都已习惯了。不管怎样，只要活着，每个人就都是有希望的。"■

∴ 玩偶

◎豆腐姻缘

村里年轻人公认阿瑛的爱情是最浪漫的。阿瑛则说："我是在豆腐摊上被'卖'到他家的。老妈爱吃豆腐，于是天天差我到前面街上的摊上买豆腐。有一阵子觉得特纳闷，为什么卖豆腐的老太太总是盯着我上看下看，'看得我好难为情'。"以后再去时，阿瑛常常是拿了豆腐丢下钱就跑掉了。再往后老妈差她去买豆腐她便支支吾吾地找借口不去了。

直到有一天，卖豆腐的老太太跟来买豆腐的阿瑛妈妈说："你家女儿聪明，我家那小子喜欢上你家女儿哩。"把阿瑛妈妈和阿瑛着实吓了一大跳"这老太太原来是在背后相媳妇呢！"

许多年后，每每想起当时两个老太太在豆腐摊上"密谋"的情景，阿瑛总会装出一副无比愤恨的表情——"想当年，我就是在豆腐摊上被'卖'到他家的……在与朋友的聚会上曾见过老公，当时只是觉得他说话挺有分寸的，可他不是我心中白马王子的模样，谁知道他那么有心计。"

更让阿瑛没有想到的是这小小的"豆腐"才是她幸福的开始。

阿瑛与"豆腐小子"整整谈了两年恋爱。那时，阿瑛还在市区一家企业上班，于是每天来回接送阿瑛就成了"豆腐小子"的功课。天蒙蒙亮，"豆腐小子"的摩托车就已经在阿瑛家门口"哒哒哒"地响了，阿瑛从屋里袅袅地走出来，又袅袅地上了车，两个人像小兔子一般欢快地飞驰而去；到了放工的时间，当工友们一窝蜂地挤到车棚里推出自个的自行车时，阿瑛又在同事们羡慕的目光中袅袅地走向早就候在门口的"豆腐小子"。

有一次，阿瑛因加班得在公司住上一周。"豆腐小子"什么也没说，仍每日往返把阿瑛的衣服取回来洗干净，熨平，再送回去，每次衣服里都夹张纸条，写些"注意身体"之类的贴心话。结果，一周没到反是阿瑛熬不住相思的苦楚，早早地便蹓了回来。

当然，牙齿跟舌头也有打架的时候。那一次两人为了一件小事赌气，早晨阿瑛没坐"豆腐小子"的摩托车，而是气嘟嘟地骑着她的小破自行车上班。心里不爽，天又下起雨来，于是气不打一处来的阿瑛连雨衣也不穿就冒雨走了。可怜的"豆腐小子"，劝也不是，哄也不成，只好骑着摩托车跟了一路。"豆腐小子"因此有了"铁人"的昵称。一到下班工友们就起哄说阿瑛的"铁人"来接啦。"当时还真是让我小小地虚荣了一把。"阿瑛的话里含着一股几乎要渗出水来的自豪。"不过，我也因此行情下滑，丢掉了好多追求者。"在坐的几个女友都笑她口是心非。

阿瑛是她们一帮同学中结婚最早的。

记得那天刚刚走下婚车的时候，原本还是笑眯眯、一脸害羞的阿瑛，突然趴在伴娘身上哇哇地大哭起来。伴娘拍着她的肩，说她是婚前焦虑症，是要以泪告别姑娘时代。谁知阿瑛抹了一把眼泪，楚楚可怜地说了句：“才不是呢！我是因为嫁在同村，路太近，没哭够！”把个在场的女友们笑得差点晕过去。有很多同学都打趣地说，阿瑛结婚的“人最多，嫁妆最少”。

按说结了婚，少女的情书时代也就结束了，可对阿瑛来说，婚姻却是她另一个情书时代的开始。婚后，阿瑛在村里开了家米店，老公则在大队当起了出纳。从大队到米店，不过短短的几步路，却成了他们那段感情的“通道”。老公在大队里给她写情书，她在米店里给老公回情书，每周，都有情书从大队寄到米店，又从米店寄回到大队。碰上出差，老公忙完了正事，晚上就在酒店的台灯下给阿瑛写情书。如果是出差的日子不长，有时候还会碰上老公回来了，情书隔天才到的趣事，他们的情书攒了满满的一篓子。不过对瑛来说，情书的内容并不是最重要，重要的是老公的那份情意。

说起情书，必然说到情人，在女友的撺掇下，阿瑛讲起了和老公一起给“情敌”回信的事。

“九年前，九年前女儿刚刚满周岁，老公家有个铺面做点小生意，我一有空就过来帮忙照料。他，是四川人，时常照顾我们的生意，是我们的老主顾，一来二往地彼此就熟络了。我知道他有一份不错的工作，薪水不菲，斯文的外表下掩盖不住他的才气，以及豪爽。我与他的言谈不多，举止也不乏和善，可是没想到两个月后的一天，他扔给我一封信后就掉头走了。我打开那封信，信的内容把我吓坏了，那是封情感真挚、爱意浓浓的情书。大意是我的温柔善良给了他一个外乡人家的感觉；我不该早出晚归地这样忙碌，他能给我更安逸舒适的生活……看完信后，我惊慌失措，脑子里有千般念头晃过，却不知该如何是好。

我如丢了魂似的过了一夜，后来拿定主意，把信给老公看，让他来决定如何处理。记得当时老公看完信后先是一脸的惊愕，继而动情地对我说道：‘这两年来你受苦了，我一定会让你过上好日子的，让你成为最幸福的人！’这又是我始料未及的！虽然结婚两年来彼此情意笃定，但老公的宽容与理智真的是大大出乎我的意料。经过一番商量，我们一起回了信。老公先是感谢对方对我们生意的关照，对我的欣赏；继而恢谐地告诉对方彼此‘英雄所见略同’，只是他已捷足先登了；最后他斩钉截铁地告诉他，我们会有苦尽甘来的一天……然后连同来信也一起还给了他。

无从知道对方看完信后的心情。我想，他从字里行间里应该感受得到我们的一份尊重。几天后，他留下祝福，从此没了音信。”

阿瑛说着说着，脸就红了，眼睛更是眯成了一条小缝。

十二年来，阿瑛的每一次生日、每年的结婚纪念日、每年的情人节，老公都铭记在心，把鲜花、巧克

力殷勤送上。前年结婚纪念日还捧回了一个大大的花篮。阿瑛嗔怪他："好好的花那么多钱干嘛！"老公戏谑着说："那我明年不买了哦。"

第二年，老公真的不再送花篮了，可阿瑛却忽然感到有些失落。"那时候，我才明白，自己也是口是心非的呀。"

说这句话时，阳光照在阿瑛微卷的发梢上，她若坐在一对熟睡的儿女身边给老公写情书的模样——咬着笔杆，撅着小嘴，偶尔一个人痴痴地笑着……我忽然间觉得，原来钟宅的女人是这般可爱。■

“老爸的一句话改变了我一生。”这几乎是阿秀的口头禅。

每次经过祖厝那三对“进士桩”时，我都想起阿秀的这句话，钟宅也罢，钟宅畲族也罢，太需要改变了，然而这需要改变的具体内容又是什么呢？

阿秀说：“小时候家里很穷，但我的童年并没有因为穷而黯然失色。相反的，我们反而拥有了一个丰富多彩、无比幸福的童年生活。那时大人每天都为家计忙碌不已，对孩子们的管束不像现在这样紧锢着，我们兄弟姐妹几个都有很大的自由空间。那时我们虽然没有钱可以买玩具，但我们的身边绝不缺玩具。玩具都是我们自己做的，我们用筷子和橡皮筋做成小手枪用来打苍蝇；找来细长的竹竿，前面劈开一小段，掰开用根小棍子顶住，形成一个三角形的开口，粘上蜘蛛丝，然后用它去捉知了。我们还做鱼竿到池塘钓鱼、捉天牛、养蚕等等。农忙时也会帮助大人锄草、收蔬菜，累了时我们就在已收割完的田地上，找来一些较大块的土疙瘩，搭一个尖顶的、小小的土屋，往里面放些柴火点燃，直到土疙瘩被烧得发烫，再放进几个番薯，把土疙瘩敲碎覆上，过半个小时后香喷喷的番薯就出炉了。乡间野趣伴我度过了快乐的童年。”

阿秀的家就在菜市场的上边，离海很近。阿秀的家很大，有四层楼，一楼二楼租给外来打工的人住，三楼是客厅，四楼是卧室。客厅很宽敞，但家具摆设却很简单，就一张茶桌和几张椅子，正中是一台老式的电视。

“这里坐，我泡茶给你们喝！”阿秀说着便忙了起来。烧开水、烫壶、洗盏，阿秀因袭了钟宅人泡茶待客的习惯。阿秀在厦门读大学，周日回来时总会把一些家在外地的同学叫来。

“同学来了，你都泡茶吗？”

“是啊！不然拿什么招待同学啊，我可没什么玩具给他们玩啊。呵呵！”顽皮的阿秀大笑起来。

“你印象中的钟宅是什么样的？”

“房子不多，也不高，顶多三层。房屋稀稀落落的，一间幼儿园，一间小学，一间理发店，还有一间‘合作社’（杂货店），村落很简朴。一些旧墙壁上还残

留着的‘毛主席万岁’，‘自力更生、丰衣足食’的标语，记载着这个村落曾经有过的历史。”阿秀说着，表情里透着对过去的怀念。

“父母对你的管束很严吗？”

“钟宅人对子女一向管教很严，”阿秀说，“我父亲、母亲的言传身教也让我受益匪浅，我对那些颇带闽南特色的谚语至今记忆犹新。如用‘细汉偷挽匏，大汉偷牵牛’来告戒我们小偷小摸的事绝对不能做；用‘小贪钻鸡笼’来告诉我们贪小便宜的下场，从而教育我们不能贪小便宜；用‘吃紧弄破碗’来说明‘欲速则不达’的道理。每当我们做错事的时候，父母绝不会姑息，一定会狠狠地教训我们一顿。爷爷、奶奶心疼了，想替我们开脱时，爸妈总会说‘宠猪举灶，盛子不孝’，爷爷、奶奶也怕宠坏我们，就不再阻止老爸老妈训子的行为了。”

重男轻女的思想在钟宅这个边远的部落依然存在，而且可以说是根深蒂固的。村里有不少妇女觉得没生儿子在婆家会被轻视，因此连续生了几个硬是要生个儿子才肯罢休。每户人家里不管什么都是以男孩为主，他们觉得女孩子书读太多没也多大用处，能识得几个字就行了，因此，村里的女孩子大多只读到初中或中专毕业。从前，阿秀也一直以为自己会有同样的将来……

“是爸爸的一句话改变了我的一生”阿秀说。

那时村里的人都还很穷，要负担两个孩子读书是件艰难的事情。小学将毕业的时候，有一天爸爸对秀说：“阿秀，我知道你想读书，这样吧，只要你跟哥哥肯好好读书，别说大学就算是读到博士，我借钱也会供你们读的。”就因为这句话，阿秀没有了后顾之忧，专心地读书。中考后，她在志愿栏上填了普通高中而不是护士或师范等中专，爸爸那一夜抽了很多的烟，但他没有反对。

“读高中的时候，好几次在学习上遇到困难时，我都想放弃，是爸爸的那句话让我有了继续奋斗的勇气和动力。现在我已经是大学生了，我相信只要是我想继续考研、考博士的话，爸爸还会一如既往的支持我。”

可能话题太凝重的缘故，阿秀转身招呼吃茶点了。

看着阿秀把茶添到小巧的茶盅里，你会感到钟宅人的心灵也融到了这小巧的茶汤中，不让你一次喝完，而让你久久的续着、续着那久远的昨天。

“阿秀回来了！”

“阿秀带男朋友回来了！”

门未响，声音已从楼下蹿了上来。阿秀家一下子涌进好多的年轻人。

此时的阿秀忙着搬椅子、泡茶、端茶、拿茶配给大家吃，一趟过去又一趟过来。还不停地说着：“吃嘛！吃嘛！这个很好吃的，不要客气啦！”

一个男孩说：“别忙了，又都不是外人，这么客气我们还不习惯呢！”

“呵呵！那你们自己来。”

“东仔，还记得我们小的时候玩的东西吗？”一个男孩拿出一把弹弓给大家看。

“哈哈哈哈！当然记得，那时玩具都是自己做的。记得有一次我们还做鱼竿到人家的池塘钓鱼，被那个叫什么的抓住了。”叫东仔的男孩很开心地说。

“那时我爬上树，没被看到啊！后来我还顺手抓了条鱼回来，烤了后慰劳你们，忘了！”

“你这家伙还敢说啊！烤鱼吃的时候不叫上我们女生。”大家不断地争论着，阿秀家的氛围让他们回忆起了童年。

“对了！学校怎么样了？”

“我们的小学，那太烂了，三层的小楼，其中有两层共八间是教室，一个两百多平方米的水泥地和竖在两头的篮球架就是操场了。”

“对了，所有的老师共用一个小小的办公室，那时没有打印机或复印机，只有一台手动的油墨印刷机。”

“没有多少老师，教语文、数学、英语的老师通常都兼任体育、音乐、美术、自然等次要科目的课。”

“学校是简陋点，可老师还算是尽心尽力地教我们的呀，还鼓励我们考大学嘞，我们没少在这简朴的校园里留下欢声笑语。”

他们你一言我一语地勾勒出上世纪末钟宅畲族小学校的状况。

阿秀说：“夏天的夜晚，劳动了一天的大人们会三三两两的坐在院子里或围墙内边喝酒（或茶）边聊天，孩子们则愿意坐在一旁听，如果随便乱插嘴，就会被大人训斥‘囝仔人，有耳无嘴’（小孩子不懂事，不要插嘴，打断大人的谈话的意思。）”

“那今天吃什么？”人们问着阿秀。

“包饺子！”

话没说完，阿秀早已端着包饺子的陷和饺子皮站在了厨房门口。于是年轻人一哄而上……

吃饺子本来不是闽南的习俗，但在这些年轻人眼里，这种食品太热闹，大家可以一起玩，是可以共享的快乐。

煤气炉上的火已经开了，阿秀把包好的饺子一个一个地放进锅里，大家都围了过来看着正在水中翻滚的水饺，惦记着自己包的是哪个、自己又要吃哪个，此时的他们，你争我抢，根本不把这里当做阿秀的家，而是把这里当做儿时的天堂。

“你爸妈喜欢同学来聚会吗？”一个住在城里的同学问。

阿秀说：“爸妈早就习惯了，你们要是有一段没来，爸妈还会叫我请你们呢，他们常说，孩子们都变了，这钟宅才会变得快些。”

“一句话改变了一生。”改变发生在钟宅的每一角落，改变发生在不知不觉中。■

端午节过后没多久，就到了农历六月十九，这天是钟宅佛祖的生日，用钟宅人的话叫“佛祖生”。

一早，钟宅湾边上的佛祖庙就被陆陆续续前来上香的人填满了。女人们起得早，早早地，便大篮小篮地拎着、挑着祭品，从村子的四面沿着街巷晃过来。不过八点，庙里庙外，已是男女老少、人头攒动。

佛祖庙又叫“澜海宫”，有大门上的牌匾和两边的对联为证：“澜安百丈开津道，海晏千年庆泉生。”短短两句，纳“澜海”二字，写尽钟宅的数百年的地理与历史——取道于海，靠海为生，这一道海湾，为钟宅人张罗出了六百年的潮起潮落。

“澜海宫”坐东向西，建筑外观具有闽南特色。庙堂正中供奉着观音佛祖，上书“南无观世音菩萨”几个大字。左右各个柱子上都有对联，其中有一副是：“杨柳一挥洒作钟山翠，莲花叠布传来澜海香。”观音佛祖圣像的两旁分别是注生娘娘和尚书公，南北两侧列着十八罗汉和双释公。在庙里正中大梁上插着一条大柳枝，老人们说，这个大柳枝是和着大麦、稻米、黄豆、盐、铜钱安放在一起，为“安厝进柳发财”之意。

不到九点，佛像前的两张大供桌就被供品挤得密密扎扎的，精致的糕点、新鲜的水果，还有各种冥钱堆叠在一起。女人们或拜、或跪、或磕，一炷炷香举过头顶，小小的庙堂里一时间烟雾缭绕，熏得人眼泪直流。可这似乎并不妨碍上香人的热情，抹一把眼泪，又执著地与佛祖自语着。

庙堂的一角摆着一张方形的小木桌，两个老人面对面坐着，几个人正围在他俩四周，一个接着一个的把手里的钱递给其中一个老人。老人抬头瞅了一眼递钱过来的人，点了点，“四十块，佑民的。”唱毕便将钱收进身前一个大布囊里。对面的老人则提起笔，在红纸条上飞快地记下捐钱人的名字和数目……不一会儿，长长的红纸条已经密密地写满了。

庙堂另一角，一个老人家正在细心地裁着红纸，他把一大张的红纸展开，对折，再对折，裁成大小不同

∷ 菱花镜、樊素口

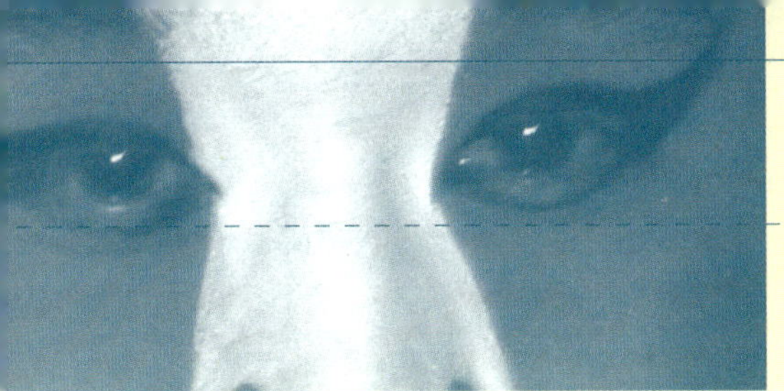

的两种。在他的身旁，立着两块大木板，这是佛祖庙香火钱的红榜。左边大木板的红纸是一铺到底的，一溜挤簇、排开的人名都是捐钱五十元以下的人家；右边红榜的待遇显然有所不同，每个人名占着一张红纸条，大大的字记着醒目的名字，一千元、六百元、两百元……微微飘起的纸条仿佛聚焦着主人的骄傲和旁人的艳羡。

庙堂外的戏台略显得有些简陋，几张布帏，几根竹竿，玩偶者躲在布帏下，头上是人偶的舞台。头手师傅正举着戏偶在小小的舞台上跳跃翻腾，用闽南方言念唱，夹杂着锣、鼓、钞、钹、二胡、唢呐的配乐和口技，愈发显出音调的靡丽。

走几步，便可以看到“裸露”的后台，各式乐师围坐着，年纪都在五十上下。暑热下乐师们在头上、手臂上挂条湿毛巾，不时擦着淌下来的汗水。所谓“三分前场，七分后场”，最辛苦的莫过于头手师傅，他的手高高举起，做着各种动作，身子也跟着碎步左移右跳的，汗水把薄薄的背心浸个透湿。

看戏的人并不多。人们从庙门进进出出，忙着上香、烧冥钱，只是偶尔在戏台前小站一会，便又转身忙着许愿去了。几个老人坚定地守在台前，或坐在门墩上，或挤在长凳上，还有的干脆一屁股坐在庙前的台阶上。他们穿着长衣长裤，撩起袖子，卷起裤腿，有的还戴着圆顶宽边草帽；他们不时仰头吸一口烟，微张着嘴，扯着嘴角浅浅地露出一抹笑意。《宋太祖下南唐》对他们来说是再熟悉不过的戏目了，笑意里透着他们对剧情的熟悉。

看看贴在庙门旁的一张大红纸就知道，这六月十九在钟宅还真是个不小的节日。从农历六月初三开始就有善男信女请来戏团答谢佛祖，布袋戏、歌仔戏、芗剧，唱过了白天唱晚上，这“谢戏”的曲从初三一直唱到这十九。戏台就是“澜海宫”外面一座石砌的高台，阳光下的戏台前面有零星的几张桌凳，几缕布帏在风中四处晃荡，传播着今晚上《三审义子》告示。

戏台的旁边是烟雾升腾的香炉。一个佝偻着背的老人戴着草帽，正从香炉底把炉灰扒出来。香炉顶上，青烟缭绕，跳动的火花燃烧着所有钟氏子嗣的信仰和愿望。■

:: 韶华当年，对镜红装。

钟宅 五房 二十二代 七百多户 三千八百多人

◎ 捋过时光

:: 我们的大篷车来了

从早上起，钟爷爷就一直坐在佛祖庙门槛边上，他固执地守着、看着，谁也不知道他到底守着什么、看着什么……许多人从他眼前、身旁晃过，走走歇歇，可似乎一点也没有打扰钟爷爷专注的兴致。偶而有老哥们儿过来，坐在他身旁，分他一根烟，寒暄几句，钟爷爷很快又把目光放开，重新凝视那很远很远的地方。

钟爷爷在自家山墙边开了一家小杂货店，一天下来除了几个小孩买几根冰棍，小店基本上没有什么生意。钟奶奶除了整理家务外，主要是照顾六岁的小孙女。媳妇在一家小工厂打工，每天早出晚归很辛苦，工资却非常低。儿子没有工作，闲居在家，每天日上三竿才起床。

钟宅没有戏演的时候，小杂货店就是钟爷爷消磨时间的惟一地方。他每天六点起床，七点钟吃点稀饭配咸菜，然后就守着他的杂货店，一直到中午十二点老伴来催他吃午饭。钟爷爷吃素，午餐也是简简单单的稀饭素食。午饭后，他又迫不及待地踱回他的杂货店，边看电视边候着卖点东西，一直到七点半吃晚餐。之后就又在店里候着，直到九点半关门睡觉。

对钟爷爷来说，日子，就是在每一天的每一个时间里，做着相同的事。所以，钟爷爷特别怀念以前上山下海的日子。他说，钟宅祖辈很早就开始“靠天不靠人”的生活了，出海捕鱼，下地种田，养海蛎，种菜卖菜，尽管没什么大富大贵，但自给自足也挺好的。“那时候，大伙都有事做，不像现在，我守着小店，我儿子呢，每天睡到日头晒屁股，睡醒了也是呆在家里，或打牌，或与朋友泡茶闲聊。村里像他这样的年轻人有八成都是这么过日子。”

钟爷爷与钟宅大多数人家一样，是靠出租房屋生活的。“其实我们也不想这样，可是没办法呀，现在，我们靠山不能吃山，靠海不能吃海。”钟爷爷有些无奈地摇摇头，“大伙都知道自己在违规建房，可事实上是违规房养活了我们全村人。”

钟爷爷家就在海边，正对着阳台的是一片碧海蓝天，海的那头还有个城镇，因此钟宅人习惯称它为内湖，但现在这一片内湖已经划做一块一块的，已经成了各家的养殖池。

……

说到海，午后环钟宅湾入海口的石阶处，几个调皮的孩子在近水处嬉闹，水声，笑声，响成一片。眼前是晴朗的天，碧蓝的海；不远处几艘小渔船散泊在平静澄澈的海面上；更远处，就是那初建成的钟宅湾大桥，白色弧形的桥身连接两岸，与海相应，一派蓝白纯净之和谐。

一个叫丢丢的小女孩刚从厦门的姑姑家回来，她站在海水里却沉浸在姑姑家有趣的故事中。“我喜欢姑姑家，虽然很小，不过实在太可爱了。我以后也要叫妈妈把我们家布置成那样！” 说这话的时候，丢丢正摸着刚扎好的小辫子，一脸的得意中现出农村孩子特有的纯真。

正在拾贝壳、十四岁的豆仔却努努嘴，一副不以为然地回应：“有什么好？那里的人开门关门速度很快，啪的一声，就跟作贼似地闪走了，连对门是谁都不一定知道，我才不要呢！”

他们在往后的日子里，会有许多机会看到外面更多精彩、新奇的事物。但是现在的他们的确处在边缘地带，城市与农村的边缘，文化丢失的边缘、历史断裂的边缘。当钟宅人被奢华的高宅挡住了视线时，一点一点地拨离那层混浊的空气，一点一点地窥寻钟氏家族那停摆的历史，才变得更为有意义。当百年族谱随“文化大革命”大火化成灰烬，当沧桑的往事成为耆耋老人稀薄的记忆，我们无法想像，这个从北方山地迁徙而来的民族在遭遇新一轮的迁徙后，还能遗留下多少历史给自己，给子孙后代？是的，没有

:: 席间

历史的民族是悲哀的，可今天的钟宅偏偏就处于这样一种尴尬中。他们或许还不知道，那些已经静止的片断，才是钟宅真正永恒的灵魂。

夜色渐渐地弥漫开去，咸咸的海风吹过庙堂，给闷热的南国夏日带来一抹凉意。庙堂前的戏台上，深绿色的布帏挂起来了，粉面朱唇的戏子们在布帏间若隐若现。对着戏台是钟宅湾大桥美丽的光弧，那充满了现代气息的光影带着一种迷人而晕眩的美丽。

"看戏啦！"街巷间，吃过晚饭的人们挟着椅凳，朝戏台走来，在路过别家门口时远远地就打着招呼。戏台这边的前场，已经有空空的椅凳早早地占好了位子，零星的几个老人摇着蒲扇坐在那儿，乐呵呵地有一搭没一搭地扯着闲话。

"今晚演啥？"

"听说是《三审义子》，樊梨花啦，应该比昨天好看。"

"昨天的《八女拜寿》其实也不错啦。"

"今天要早点开演啦，老钟说的是七点。"

另一头，还有晚归的人在庙堂里进进出出，点香烧纸，许一个迟到的心愿。

……

帷幕合上！锣鼓响了！霓彩的射灯"啪"地打开了！戏一终于开场！

幽幽咽咽的古音飘过钟宅的街巷，给这个夜晚的乡村罩了一层氤氲的味道。在这一团充满人间烟火的气息里，钟宅人笑着，乐着，对他们来说，要的，也许就只是像今天这样，这样一种真真实实的生活…… ■

∷ 台上，那是他人的故事。

∷ 群偶会

∷ 台上台下的舞步

∷ 虚实间的生活

戏前请神

：“你看他文武全才，玉树蒹葭……”

传奇依旧

：一个充满传奇故事的部落

形状酷似铁锚般的厦门岛，有条山脉贯锚的东西两端，从西往东依次是：五老峰、鼓山、御屏山、金榜山和洪济山。

厦门的山以花岗岩为主，故山体多呈浑圆形，山上怪石奇岩、凸峰壑谷，坡上花草林木、茂盛葱茏，虽海拔只有三两百米，但因降水丰沛，山中故多流泉飞瀑，池潭蜿蜒。翘首四望，山之葱茏、海之辽阔，山海美景皆尽收。

南普陀寺背依鼓山五老峰，面濒大海，具山海之景，风水极佳，因寺中供奉观世音菩萨与浙江普陀山共祀一祖，且位置在南，故称“南普陀寺”。南普陀寺始建于唐朝，后几经沧桑易名，现存为清代康熙年间重建。

近邻鼓山的醉仙岩下有天界寺，为清代乾隆时月松和尚所建。寺内并列两座大殿，昔日晨曦初露，寺僧撞钟一百零八下，古刹钟声，遐迩皆闻，故有“天界晓钟”、“醒人坐梦”的美称。天界寺后有一“长啸洞”。洞内诗云：

偏师春尽渡澎湖，圣主初分海外符。
鼙鼓数声雷乍发，舳舻百尺浪平铺。
争传日下妖氛恶，哪管天边逆旅孤。
为道凯歌宜早唱，江南五月有莼鲈。

御屏山北有“御屏寺”。山间密布散石，古榕盘踞，奇险天成。先人在岩间辟洞，建棱层石室，亦名“棱层洞”，附近有诸多名士题咏石刻。一曰：

几度匡庐过虎溪，归来还爱此山低。
一登绝顶能观海，不似云深路易迷。

衔接御屏山的是洪济山，洪济山之云顶岩海拔三百四十米，为厦门的最高峰。岩上有观日台，先人每日东临沧海，观红日初出，巍巍壮观。有人为云顶岩赋诗：

岩壑沉沉汉尚横，水云一缝万光生，
偶偕残月同时出，遂使余星不敢明；
昼夜欲分天未定，火金相烫海难名，
人间犹做五更梦，僧已朝齐罢磬声。

再有：

新栽松桧已齐腰，秋老芙蓉尚插霄，
烟外家乡绕一水，石间姓氏半前朝；
但看野色无城市，难判天风异海潮，
白鹭遥汀飞不见，寒云几缕傍衣飘。

云顶岩是厦门的祥瑞，岩旁有座古庙旧称方广寺，方广寺前有座古碑，碑上记述着钟宅畲族的脉源。

闽粤钟姓皆是朝公一脉，有图书所载作证，俱要相认，若不识，仃洲府所传图书是为冒姓混入，不必认为一家之人。

再祖有遗嘱云，山有来龙水有源，后代儿孙凭祖生，不认祖宗便雷打千世，万代永不泯。

钟宅，一个台湾海峡西岸的小渔村，一个不起眼的畲族部落，奇特的历史和优越的地理，赋予它很多极具传奇色彩的故事。它的故事就是厦门的半壁历史，它的故事就是厦门近代史的浓缩。

钟宅，这个几乎都姓钟、几乎是一家的村庄，族人们对于自己是怎么成为畲族的都讲不清楚，对于自己的姓氏更是理不明白。团伯说，古时有一女子怀孕妊娠,孩子落地时正好从远处传来钟声，从此父母便以钟为孩子的姓。他们希望自己的子子孙孙能像这钟声一样,延绵长远。

对于钟宅是怎么来的,村里老一辈的人流传着这样的说法。据说先祖泮儒公原本就是一位神异之人，虽然有一点笔墨，但不务正业，整天与邪异之人混在一起，在当初的钟家看来，泮儒应寒窗苦读考取功名方是正途,但是自信的他总以为自己能开创出一番惊人的功绩。

由于为家人和邻居所不容，泮儒只得远走他乡。他从龙海走到同安，又从同安云游到集美海边。望着浩瀚的大海，看着对岸的海岛，泮儒心中有着言不尽的辛酸,他冲着天地长长地“啊”了一声，以发泄心中的怨，心中的气。正是这一声巨叹震动了天，震撼了海。顿时天空乌云密布、电闪雷鸣，海水沿着现在的厦门大桥为中线的点从两面撞击过来，尤如山体撞击，海水从中线唰地分岔开来，刹时间，泮儒的面前呈现出一片通向厦门岛的滩涂。深感震惊的泮儒确认这是上天在岛上为他找了安身立命之处，便一步一步从集美走到厦门岛上。当他前脚上岸，后脚从滩涂上拔起时，海水又哗啦啦地融合在一处,犹如两块平行的巨板迅速拼在一起。泮儒看着这海，愕然、忧伤、惊喜。上岛后的泮儒爬上云顶岩，在这里他刚好可以看到厦门岛全景。正当他被厦门的美丽景色陶醉的时候，突有一巨大莲花座在海边忽隐忽现，一会儿又有一龙头将这莲花座顶起，他所站的云顶岩也随之山摇地动。惊魂未定、摇摇晃晃的他急忙抓住一棵大树,好一会儿一切才又恢复了平静。泮儒仔细地观察了厦门的地形，原来，这个厦门岛是由一条沉睡的地龙背负的，只要这龙一动，或是翻个身，这厦门岛就会翻天覆地。

“龙头上的莲花座是个宝啊！”泮儒看中了这宝中之宝。

泮儒急忙下山，直奔莲花宝座显现的地方。原来这里已经有个小渔村，村人姓王，他们是从同安移民到这里的，靠捕鱼过自给自足的生活，他们没想过让孩子读书、考功名。

泮儒于是立志为教书先生，为这里的孩子教学，向他们讲授知识的好处。许多年后，王姓人家为了答谢他，给了他一块地，让他在这里成家立业。没想到，钟氏子嗣从此繁衍生息，王姓却逐渐衰落，到后来，这就成了钟氏子孙的世界了。

对于泮儒来说,他最不放心的还是这条沉睡的巨龙，因此在临死之前，他告诉自己的五个儿子，一定要把他葬在云顶岩上，这样他就可以坐在龙背上，驾驭、控制着这条把头伸向大海的巨龙，为子子孙孙谋幸福。

故事是真是假，是偶然还是必然，没人考证，它反映钟氏先祖开基钟宅的经过,这经过在钟宅有很多版本,缘自六百年来钟氏后代不断加饰的结果。

厦门街坊间传说，较之钟宅畲族先于来厦门的还有南陈北薛两大汉族姓氏。薛姓住在洪济山的西北，陈姓住在南面的金榜山下，时有“南陈北薛”之称。北薛为薛令之，原来住在福建长溪，他为唐神龙二年(公元706年)的金榜进士，也是第一位以诗文登第的福建文豪。开元年间，薛令之迁升为右补阙兼太子侍读，与贺知章一起教授东宫太子读书，当了太子李亨的师傅。薛令之偶抱怨待遇太低，一天信手挥笔在壁上写道：

朝旭上团团，照见先生盘；
盘中何所有，苜蓿长阑干。

唐玄宗看到诗后，非常不悦，也拿笔在壁上题诗：

啄木嘴距长，凤凰羽毛短；
若嫌松桂寒，任逐桑榆间。

薛令之看后，知道得罪了太岁，于是托病辞官，和侄子薛芳杜一起返回福建，并从长溪移居鹭岛(厦门岛)，过着清闲自在的生活。他的后裔在此繁衍，人数众多，成为厦门一大姓。

“南陈”的陈姓为唐京兆陈邑，陈邑任太傅时得罪了当时的奸相李林甫，开元年间被贬谪到福建漳泉一带，他的后裔也就迁到厦门岛来。陈俦是陈邑的孙子。陈俦曾孙陈喜之后是陈黯。陈黯乃厦门名士，十岁会写诗，十三岁便带着诗作晋见清源牧(泉州牧)。清源牧见他满脸麻花，便打趣他“薄才而花貌”，陈黯不愧才华出众，应声成诗道：“玳瑁应难比，斑犀定不如；天嫌未端整，满脸为装花。”

陈黯文才在闽南一带颇有影响，但是屡次应试都落第，因此自称“场老”，意思是在考场上屡进屡出，已是老先生了。后来他隐居在金榜山，读书垂钓，置功名利禄于九霄之外。宋代朱熹在同安任职期间曾写诗凭吊陈黯：

陈场老子读书处，金榜山前石室中；
人去石存犹昨日，莺啼花落几春风。

宋、明、清名士避难厦门并携族人在厦门定居，他们披荆斩棘，勤劳开垦，边耕边读，亦是厦门的先住民。

：猪腰的玄彩故事

不管是在西方还是东方，每个部落里总有些善讲故事的巫师，巫师用生动的语言来解释部落中拗口的现象，因此，他往往是部落中最有学问的大师。在钟宅也不例外，钟宅的大师是“猪腰”。

“一百年前的钟宅有个僵尸的传说。”猪腰呷了一口水，传说中很玄的她，穿了身花衣服使得信众更加的眩晕。

民国初年，钟宅有一老婆子死了，她的两个儿子都去了南洋，家里只剩下两个媳妇，儿子一直没有寄钱回来，家境贫寒的儿媳没钱把婆婆下葬，只能用棺材将其尸体装好，放在老房子里。老房子很破，屋顶的瓦片已经坍塌了好几处，阴暗的老房子每当风雨过后，刺眼的阳光便折射进来，照在棺材上面，死尸一见光便变成了僵尸。

夜里，不安分的僵尸总会出来四处游荡。她把冥纸变成纸币，去买花买肉，买了就放在棺材边，也不吃掉。媳妇们买肉来祭拜她，在夜晚也被她偷偷拿去，媳妇总以为是被猫给叼走的。“哎，这猫也太馋了，我是送给婆婆的呀！”

一天夜里，邻居起来上茅厕，蹲在茅坑里的邻居看到僵尸的手倏地从他头上飘过，邻居吓得连裤子都顾不上提就逃，可是僵尸一直紧跟着他。他逃到一户人家里，僵尸也跟进去。幸亏他把房门锁起来，才躲过这一劫。

天亮后，邻居把僵尸闹的祸事告诉给族人，村里面人心惶惶的，天一黑大人就告戒小孩子“别叫！僵尸会来抓你的。”

僵尸把整个村子闹得鸡犬不宁，族人们就商议要想一个制服僵尸的办法。最后族人决定把僵尸埋了。族人们将棺材绑好，虽然是白天，但在棺材里看不到阳光的僵尸仍不断地反抗，想跑出来。当族人们把棺材抬到山脚的时候，有一仙人下凡，指点他们这样做是解决不了问题的。仙人告诉族人们应该祈求上天将僵尸收回。族人们马上置备祭品，就在坟墓旁边祭拜上天，祈求上天收回僵尸，保佑钟宅人代代平安。顿时，天上乌云密布、电闪雷鸣，一会儿，又烟消云散，还没等大家回过神儿来，棺材里的僵尸已经不动了。原来，就在刚才的这一瞬间，僵尸已被雷电打死。族人们安心地将棺材埋掉，但是僵尸的传说一直流传下来了，据说那个埋僵尸的坟墓至今仍保存完好。

猪腰总是沉浸于讲述传奇故事的乐趣里，而我却对她名字的由来更为好奇。

过去钟宅族人们为小孩子起名字，大多按照族谱上的次序排下来，这样才能不乱了辈分，但也有例外的，比如钟添丁，他就是家里连续生了几个女孩后去庙里许愿后得到的，因此有了添丁的大名。女孩起名字的随意性很强，猪腰就是她父亲刚好杀完猪，手里拿着个猪腰，随即也就叫了猪腰，猪腰十八岁嫁给了标仔，成了标仔家的媳妇。

已经七十四岁的猪腰很有些鬼气、更有些仙气，她住的房间有点暗，摆设也很简单，一床、一椅、一桌，屋子里弥漫着一股怪怪的味道。已经不能走路的她思路很清晰，讲起故事来慢条斯理，时常叮嘱信众慢慢听，她后面会讲到。

猪腰的一生活得很玄，最玄的还是关于她的逃亡的故事。

日本人进钟宅的那一年，他们家在村里开了个作坊做豆腐。她的一个表兄黄春生参加了反日斗争，经常帮国军收集情报。日本投降前夕，表兄经常潜到厦门来买报纸，好让军队了解日本人在厦门的情况。此时，日本人虽穷途末路，但肆意杀戮有增无减。

一天夜里，表兄又偷偷地来到钟宅猪腰的家里，因不知是自己的外甥来，猪腰的父亲被“砰！砰！”的叫门声吓得半死，直到表兄报了详细的家门后，猪腰的父亲才敢开了大门。

门在黑夜的钟宅街道上"吱纽"地一开，表兄马上就跳进阁楼躲起来，一直等到大家心跳平稳后，他才出来把要买报纸的事情告诉大家。很有反日情绪的猪腰父亲，虽有点战战兢兢的，但为了赶走日本人，他还是参加了这一危险的行动，后来钟宅还有其他人也参加了。表兄每半个月来拿一次报纸，为了不被日本人发现，他经常拿一些破衣服包着报纸，穿过钟宅的老街前往江头。

危险还是发生了。

一天，一个台湾浪人向日本人告了密，台湾浪人很快就带日本宪兵来猪腰家抓人。精明的猪腰母亲，马上做好菜、好肉招待带着枪的日本宪兵，同时瞅准机会把整理好的衣服从窗户扔出去，猪腰父亲装着整理捕鱼的工具，母亲与姐妹们则假装着找小猪，这样就在日本宪兵吃得起劲的时候，他们一家六口顺利地逃到海边。月黑风高的夜色中，潮水已涨上来了，虽然猪腰的表兄在海上接应，但因船无法靠过来，他们全家只好冒险凫过去，海水漫过下巴、海浪呛进鼻孔。充满恐惧的猪腰将自己的忧虑告诉父亲。不想父亲说："海水深，喝几口就死了，要是被日本人抓去先被灌海水，再鞭打，直到活活打死。"听到这么恐怖的后果，猪腰只有拼命向前游。

当晚，猪腰一家逃到同安姑姑家。上了岸，又湿又饿的猪腰顾不上换衣服就吃起稀饭来。由于兵荒马乱的，又多了六个吃饭的人，姑姑家里的粮食很快就不够了。猪腰一家只好出去做雇工，猪腰给人家看孩子，每天也只能吃三块地瓜，喝几碗粥水。在同安过了几个月的艰苦的生活，直到日本投降了，他们全家才回到钟宅。

老天似乎喜欢给这个苦难的家庭带来更多的磨难。在他们全家坐船回去的当晚，海上刮起了台风，他们看不到钟宅族人为他们在海边燃起的柴火。更可怕的事发生了，在暴风雨中，小渔船控制不了，猪腰经验丰富的父亲，感觉台风是往钟宅方向吹的，于是叫大家赶紧卸下船帆、让船随风漂流。猪腰的母亲则虔诚地跪在船头，不断向钟宅海边的佛祖祈求保佑，祈求佛祖亮起屋顶的明灯为他们引航。母亲的虔诚终于感动了佛祖，在暴雨交加的夜里，他们忽明忽暗地看到岸上的亮光。没错！那儿就是钟宅海边佛祖宫庙顶的明灯，他们激动地奋力划船，朝着岸边驶去。一上岸，深怀感恩之情的他们急忙到佛祖宫去感谢佛祖。可当他们走到宫庙前时，庙顶的灯并没有亮，因为那灯不是电灯，那时钟宅还没有电，而是泥土塑造的"夜明珠"。佛祖正是用这颗"夜明珠"照亮了他们回家的路的。

：灵异五宫庙

巫师般的猪腰很会讲传奇故事，在钟宅会讲故事的不只是猪腰，有六百年历史的钟宅有很多灵异、传奇的故事，故事的情节都与五座宫庙有关。阿雪就目睹过传说中妈祖显灵的事。

“你会信吗？钟宅，这个由灵异之人发现的灵异之地，总会发生一些灵异之事的。

那一天，妈祖庙外摆满了村民祭拜的礼品，我就站在我家供奉礼品的桌子前面，同龄的女孩子都在那里叽叽喳喳地叫着，身边时不时总有吓人的鞭炮声噼里啪啦地响起，那些不怕死的男孩子们在炮声过后，就争先恐后地拥上去抢那些没点着的鞭炮。我哥哥在我身边也跃跃欲试，妈妈站在身边不经意地看了我们一眼，哥哥瞅着妈妈最终还是没敢有所动作。”

阿雪叙述得很清淡，清淡中又含着一种魔力，让你不得不顺着她的思路听下去。

“刚好，一个没点着的鞭炮跳到我家的桌子底下，高兴的我急忙蹲下去捡鞭炮。可是，当我捡起鞭炮时，我惊呆了，妈祖居然站在屋顶上看着我。以前我可是从来没有见过妈祖活人的呀……起先我以为自己犯了什么错呢，赶急把鞭炮偷偷地扔掉，但是妈祖还是一个劲地冲着我微笑。”

“妈祖戴着金光闪闪的天后帽，穿着锈着飞凤的衣裳，脖子上挂着白亮白亮的珍珠，手上的镯子也闪闪发光。最耀眼的还是她帽子上的那颗夜明珠，闪闪的光环环住了妈祖的头部。惊呆了的我一直傻傻地看着，不懂说什么了；我用手拉了拉哥哥的衣服，叫哥哥也赶紧看，当哥哥把头转过来的时候，他也惊呆了，哥哥的手指着妈祖，大叫‘阿母，妈……祖！阿母，妈祖！妈祖！！’”

“听到哥哥的叫声，阿母也把头转过来，就在阿母转过来的那一刻，妈祖消失了。阿母什么也没看到，阿母见我们这样闹就骂我们：‘胡说什么，快好好拜神！’”

“以后，我和哥哥把这件事情向家里人解释了好几遍，但家人仍是将信将疑，虽然那时我还小，但是，那毕竟是我亲眼看到的妈祖呀，所以我现在很信神的。”

阿雪讲到这里停住了，她心中的灵气让人震撼，她执著的信仰也让人震撼。对于神，钟宅的年轻人更多是不信的，因为他们受到的无神论教育确信神的子虚乌有。但钟宅的神似乎是无处不在，五座宫庙、众多神明，他们总是在人们不经意的时候出现，这种不经意的出现使它成为后来的许多传说。

阿雪，手带佛珠，胸挂平安符，两眼透着灵气，厚厚的嘴唇让人以为是观音菩萨下凡。

：城市与部落的爱情姻缘

说钟宅是厦门的部落，没有争议，说钟宅是厦门的先住民与最后部落总会引起不少异同的反响。异也罢同也罢，自然界有自然界的规律，人类社会有人类社会的规律，历史的发展总是跳不出这些规则的。约六百年前，钟姓的畲族汉子与郑氏的明朝旧臣，几乎同时进入当时荒芜的厦门岛，钟宅带着原始部落的痕迹没有经过奴隶社会就进入了封建社会，没有经过资本主义社会就跳进了社会主义的大锅。钟宅是历史的“异端”，而历史总是因“异端”而进步，因 “逆流”而前进，钟宅是规律的一部分。

六百年的钟宅围绕这些“异端”和“逆流”展开了它的爱情史。

1939年的春节，禄哥把鼓浪屿的姑娘娶来做了媳妇，这在钟宅可是件惊天动地的大事。回忆当年结婚的盛况时泉叔说，“钟宅离鼓浪屿其实不远，那租界里的姑娘个个金枝玉叶似的，谁看了谁爱，能娶这么个媳妇是钟宅祖上的荣耀。婚礼那天光在祖厝就请了十几桌呢！”其实禄哥娶的不只是媳妇一个人，娶的还有媳妇他们全家。

1938年日本侵占了厦门，日本人控制了厦门的粮食供应，供应给厦门市民的粮食都是些碎米、臭米和掺杂着米糠的霉米，由于供应严重不足，造成很多市民饿死。饥民有用黄金来买米的，但私下买米违反日本人的规定，到太平洋战争爆发后，这饥荒连鼓浪屿也不能幸免。

当年的钟宅，经济仅次于厦门市区，住房也排在厦门头几名。“半山半海”的钟宅村，因盛产海蛎，养活了不少人。泉叔说，一亩海蛎石头产的海蛎价值是山上的农作物的好几倍。日本人侵入钟宅后，为了维护统治，他们让农民种田给他们供应粮食，让农民为他们修筑碉堡、防御工事，这样也就给钟宅人留下不少活命的机会。由于钟宅人有田、有海，虽然吃不上大米，但吃自己种的地瓜和自己捕的鱼，图个温饱是没问题的。

“族人们绝对想不到，他们一生靠打鱼、捕虾、剥海砺为生，这些“下等”的工作在这非常的时期竟然成为城里人所羡慕的工作。”

面对生活的艰辛，面对饥饿，城里的人家开始萌生把姑娘下嫁钟宅的念头。钟宅是灵异之地，钟宅人也有菩萨一样的心肠，他们娶来城里的媳妇，也招来媳妇的家人。就这样，大家就都有了吃的，就都有了活命的机会。亲家们共同度过灾难，互相携扶，在那非常的年代，留下很多美谈。

没有人记录那个年代有多少城里的姑娘嫁到钟宅，有多少城里的人生活在钟宅，至今在钟宅的古厝老屋中，老阿婆仍有用少了“哒哒”音的闽南话与钟宅人攀谈，她们偶会记起早年的城市生活。

：大脚阿桦

村委会前走着一个大脚的女人，看不出她的年纪，但发髮盘得很高，还插着一朵红红的花儿。她就是钟宅第一任的妇女主任，八十三岁的阿桦。

说起自己的婚姻阿桦很是爽快地笑着唠叨着：“没有聘金，一次见面就决定了。”她那时是二十五岁。

“没聘礼就跟了丈夫，丈夫家很穷吧？”

“很穷、很穷，家里没半样东西，连过年都没半样东西。”她又笑，“真的是没什么东西！”

“夫家穷得连聘礼都没有，怎么吸引你的。”

“看他人好，骨力（勤劳），就嫁了啊！”

1938年阿桦的父亲过世不久，她妈妈就改嫁到了鼓浪屿，继父对她也不错，他们一起生活了八个月。后来舅舅把她找回后坑的家里。婶婶不让阿桦嫁人，说要留她在家里干活，她不从就被打得半死，没有办法舅妈再次介绍对象时没嫁妆、也没聘金她也应了。

阿桦是个爱笑的人，爱笑的她在回忆往事时略有苦涩。没有嫁妆与聘金就嫁人在当时是很没有面子的，没有面子的阿桦希望在钟宅出人头地，引起人们的关注。机会来了……六十年代初她当选为钟宅村的第一任妇女主任。

“妇女主任都干什么工作呀？”

“开大井、平土地、做海堤，当时妇女工作好做嘞。”

“吃工分，大家很自觉。没去没工分，去的男的十二分、女的最多八分，少的五分……说是男女平等，但工分不平等，阿桦的话里仍透着对当年的埋怨。

阿桦生过三个孩子，第一个孩子是婆婆给接生的，生完孩子第二天就下地干活，她始终没觉得生孩子有多难。做妇女主任最主要的工作是计划生育。

“当时的政策是两个放环、三个结扎。自家媳妇是自愿的，但很多人不乐意，有时候被骂得臭头臭脑的也得坚持，野蛮的还是少数，多数比较配合。”

“没有吵过架的吗？”

“吵架有什么用“唾沫满脸还得自己擦掉！”

作为钟宅第一个女党员，她自己很少去祖厝拜拜，一般都是让媳妇去，因为她是村干部，要带头破除迷信。不过有时她也在自己家里偷偷地拜。

对于做妇女工作她自己很感兴趣，家人也很支持，二十多年来她还培养了一个妇女主任，但现在已经死了。

八十三岁的阿桦身体硬朗，她的房子拆了，她拿着6046的门牌说：“家里和和气气、年轻人的事情少管，老人要放得开才成。”

与传统相比，现在的钟宅人开放得多了，他们喜欢自己找对象，倾向于找外面的妹子。在钟宅，现在有两万多的外来工，而且多是女工，这些外来的女工租着钟宅人的房子，吃着钟宅人的水，与钟宅人混居在一起，这无疑给钟宅的小伙子增加了很多择偶的机会。

：水兵韵事

说起钟宅年轻人的楷模，阿雪照直说起了她的阿柱哥：“当过水兵、去过日本学习、娶了村里最漂亮的姑娘做老婆，现在还是干部嘞。”

这话得从1983年说起，那一年高中毕业的阿柱哥闲着无聊，刚好碰上东海舰队招兵，仗着身体好、有高中文凭，没考试就去了上海，在一条驱逐舰上当了水兵。当他把穿着海魂衫的水兵照片寄回家里时，看得最多的是他现在的老婆梦姑。

“说实在话，那时阿柱哥心里没她”阿雪说。

那时阿柱哥总有信来，要么出海演习、要么偷偷去钓鱼、要么是上海的大高楼，高中生的描述让钟宅的姑娘们眼热。

1988年中国和越南在海上打了一仗，为这事阿柱哥后悔死了，因为1987年他退伍回了钟宅。

应了“先下手为强”的俗语，阿柱哥的老婆梦姑先是去上海旅游，后是帮助阿柱哥家里做事，总之先把阿柱哥给泡上了。

阿柱哥也不软，打从军队退伍回来，阿柱哥进得最多的就是少时的哥们、未来的大舅子家。邻里乡亲的，自然打得火热，分不得你我，哥们的狗窝自然也就变成了自己的窝。阿柱哥在兄弟家里进进出出，瞅上漂亮妹子的事谁都知道，才子佳人的故事也就这样顺理成章地发生了。

其实少时阿柱哥在马路上就追过梦姑，虽然有几次他自己也说不清了，但四年的水兵生活，让他萌生巨大的勇气来面对梦姑，于是，阳刚的他终于发电了……

姑娘家难抵热辣辣的眼神，况且又是心爱的人。终于有一天晚上，阿柱哥看到梦姑一出门就跟了出去，两人在海堤上漫步，月光柔和、繁星闪烁，时间偎依着习习海风，两人就这样一句话也没说地走啊走的，又回到了家门口。

阿雪说：“那晚，他们都失眠了。”

那时的钟宅，弟弟、妹妹一定要晚于哥哥或姐姐结婚。梦姑的大哥恰好没有结婚，也还没有女朋友，梦姑的父母便禁止他们二人继续交往，这对热恋中的年轻人来说无疑是巨大的打击。

阿柱哥不能再走进梦姑的家门，想要见到梦姑也只有等着她出来。毫无疑问，要继续这段刻骨铭心的爱情，他俩只好从地上转入地下了。

白天干活时，他俩都精神恍惚，因为俩人都在等待着夜晚的到来。

每当夜幕降临，梦姑站在窗边焦虑地等着阿柱哥。每每在焦急中，阿柱哥就像潜水员一样，偷偷地在她家的墙角冒出来，有规律的三声水兵口哨，梦姑就像出笼的小鸟儿飞了过来。

热恋的情侣总有着说不完的话，两人沿着熟悉的村路边走边聊，每天总是意犹未尽。

刚开始，两人连手拉手都会感到害羞，更是怕被人见到，所以即使在没人的地方，两人也尽量保持一定的距离。夜色为两人布景、海浪为两人伴奏、明星为两人点缀，那种幸福的美感或许是他人一辈子也追求不到的。

夜晚的一两小时两人已经太嫌短暂了，两人想时时刻刻相守在一起。于是水兵出身的阿柱哥选择了在钟宅以外的地方约会。第一次，他们选择了到集美旅游。那天一大早，两人便早早地出了门，相约到车站见面时，心里却像是在私奔、逃离危险那样激动。在陌生人的世界里，他们终于可以自由亲昵了，一天的甜言蜜语并不使他们口干舌燥,这一天也许是他们谈恋爱以来最幸福的一天。

时间匆匆,或明或暗的爱情生活使二人备感压力。

冲动中预想不到的事发生了,梦姑怀了孕。

聪明的阿柱哥勇敢地将事实告诉梦姑的父母。在极为恼火但又极为无奈中,梦姑家里终于同意了他们的婚事。现在他们有了自己的一男一女,幸福美满的生活总是令族人羡慕。

"你怎么知道这么详细?"我不解的问阿雪。

阿雪嘿嘿一笑,"谁让我们是要好的朋友嘛!"

：印象·钟宅·印象

洪叔这辈子最气不过的是2000年政府收掉养殖海蛎的滩涂。

"做孽呀,做孽呀!"老人颤微微地絮叨着。"三年了,三年了,政府为了建钟宅湾大桥,硬是把原来能养海砺的海地都给埋了,钟宅人以后的生活来源怎么办呢!"洪叔为了这个他睡不着觉的问题,在建钟宅湾大桥之前就多次建议政府不能只求美观,而要为钟宅这四千多口人的生活着落多想想,呼吁留下养海蛎的石头,同时让海水能在钟宅湾里自由流动。遗憾的是政府没有采纳他的意见。讲到这儿他很是激昂。

钟宅六百年来主要靠讨小海为生,在厦门街坊间曾流行"吃海蛎,到钟宅"的俚俗,不只是因为钟宅离海近,更因为钟宅的海蛎味道最鲜美。那七朵耳的钟宅海蛎,即便是邻近的村庄,尽管隔着不远的水域,也无法与之媲美。海蛎成了钟宅最值得骄傲的特产。

洪叔说,抗日战争前钟宅的经济非常繁荣,排在了全市的第三名。由于水质好,钟宅的海蛎特别好吃,海蛎也成了村里主要的经济支柱,那时每天都有两汽车的海蛎肉销售到市里。解放后,尤其是自然灾害时期,钟宅人守着海蛎也免了饥馑之灾。

敢为钟宅争利益的,洪叔是最有代表性的一个。然而,洪叔总是谦谦地说:"我是村长,我当为大家带这个头!"

1929年出生的洪叔,是钟宅大家族中的长者,有六个子女、十五个孙子、四个曾孙。1938年日本入侵厦门,他逃到鼓浪屿避难,靠在菲律宾的姐姐救济度过了四年。太平洋战争爆发后,他又从日本占领的鼓浪屿逃回钟宅。他做过童工,15岁开始学记账,会记账得益于在钟宅上过小学。

他记忆中,三十年代钟宅就有私塾了,是一个叫狗屎仙的人在祖厝开的,有十几个学生在那里读书。另外村里还有一个学堂,也是私人办的,似乎是个国学堂的学生在教,但是详情他记不住了。

1949年厦门解放后,洪叔当选为钟宅的村长,修海堤、养海蛎、打井、种水稻,使钟宅的经济排在厦门第三。洪叔说,截止到1949年钟宅的房子还不太多，古厝老屋也就有三百栋左右，房子都是按房头建的，每个房都集中在一个子孙角落。人口最多的是三房，在土改时就有一千三百多人，女孩子多点。

三十年代在村头，也就是现村卫生所的旁边有一棵很大的榕树，那是钟宅村的标志，后来，日本兵来了就给毁了。解放后村里盖了学校、村委会，后来把钟宅畲族小学搬走，村委会就搬到原来学校的地方。洪叔说："现在政府把生产资料都浪费了，如遇战争或灾害，钟宅老百姓怎么办……"话语间，虽流露出他对政府规划的不满，却也真情地表露他对钟宅后代的关心。

或许没有经历过战争，没有真正尝过饥饿滋味的人，很难理解洪叔对钟宅海蛎消失的惋惜；或许不见大海、没有蛎石也无法感受那赶小海的乐趣。当十一平方公里阔的钟宅水域，当美丽的海岸、海湾、湖泊、岛屿、温泉，这些曾经为世代钟宅人赖以生息的丰富资源转眼间不复存在时，洪叔的心就像眼前这片光亮的海滩一样，空荡荡，不知何去何从。

……

：建在祖坟上的厝

走访骞公，是在清明的第二天。清明那天，在钟宅祭祖时就听月娥说起，钟氏二房的祖坟就在骞公家后房现在的位置上。所以，二房的子孙每年就在骞公的家里上香烧纸。霎时间，我对这位把房屋建在祖坟上的老人充满了无限的好奇。

中国人对坟墓向来有一种敬而远之的恐惧，都觉得坟墓是个阴气太盛的地方，避之惟恐不及。"是什么样的心理让骞公有如此大胆的举动呢？"带着这个疑惑，我走进了骞公家。

天井里，一个一米八的个头，身着蓝色布衣，头戴蓝色呢帽的老者，正端坐在扶椅上，双手交握，气定神闲地看着报纸，我忽地产生一种错觉：如果时光倒流四五十年，此刻的他该是在禾山公社、钟宅大队里一言九鼎、指挥自若的老练干部吧。

没错，生于1923年的骞公，是钟宅解放后的第一任村长。

对于从三四十年代走过来的中国人而言，历史总是夹杂着太多不可预计的偶然。日军侵华、国共内战、人民解放、十七年社会大生产、文化大革命……瞬息之间，历史风起云涌，痛苦和兴奋交替迭宕。二十世纪的前八十年里，骞公他们这一代人似乎一直在打仗，仓促应战又草草鸣金，一来二去，已耗去了他们半个多世纪的人生。

骞公的简历很整齐：

1949年10月24日，钟宅解放一周后，当选村长；

1951年，钟宅改村为乡，任钟宅乡乡长；

1953年初，调禾山区，搞互助组；

1959年10月，任前线公社社长；

1966年，调厦门天竺山林场，任书记兼大队长；

1982年退休回钟宅，任村委会书记。

他的经历听来有点像学生时代的政治教科书里记述的历史事件。不同的是，“事件”发生的地点在钟宅——一个远离国家政治中心的边远城市的边缘地带的畲族部落。因为远，所以有些模糊，所以，再轰轰烈烈的运动到了这里也只剩下淡淡的余温，尤如闽南方言里说的那样——“子弹打到这里也冰冰了。”于是，钟宅的一切仿佛是踩在时代的边缘，慢了半拍，却也未尝不是一种幸运。

当然，听故事显然比看教科书有趣得多，更何况听一个满脸沧桑的老人用闽南方言娓娓道来一段年轻人触摸不到的历史，在缓缓漾开的茶香里，故事变得恍惚，而历史却变得真实起来……

1949年10月，解放军从同安刘五店、澳头出发，在钟宅湾登陆，开始了解放厦门岛的战役。17日，随着厦门岛的全面解放，钟宅人也重见了天日。一周后，一千多号钟宅族人在临时搭起的村委会大棚里举行了钟宅历史上的第一次民主选举。选举的结果，骞公当上了钟宅的第一任村长。

忆起当年，骞公说：“那时候，只是觉得很高兴。其实心里没底。刚解放，什么都没有，到处都破破烂烂的。村长该干什么，我自己都搞不清楚状况。后来我想想，再怎么样也要先吃饱吧。”于是，骞公一声“令”下，钟宅人举起了锄头、铁锹，在村前村后有限的土地上开始了历史性的垦荒，并重拾起数百年的海蛎基业，再次勇敢地走向了大海。一年之后，钟宅人开始有了收成。1951年7月16日，禾山区宣布，将所辖七个乡划分为曾厝垵、梧村、江头、后坑、枋湖、钟宅、五通、高殿、湖里、何厝、前埔十一个乡，骞公也从村长变成了乡长。

1952年，新中国展开大规模的社会主义改造运动。在钟宅，几家农户将自己的田地和生产工具合在一起，共同劳动，这就是当时钟宅的“农村互助合作组”。

“那时有田的出田，有牛的出牛，有犁的出犁，产出的70%在互助组内平均分配，30%则按土地分红，似乎也显得公平。”骞公回忆道，那时村里有两个互助组，产出还相当有限，所以还都比较困难，作为组长，他要动员农户、协调生产、安排耕作，工作起来挺不容易的。他记得，当年为了买一根竹竿，他步行了十数里到江头，买完后扛着竹竿再走回来，这一来回，就是一天的时间——那时，每一点发展，靠的都是人心，是力气。

1958年，浩浩荡荡的人民公社化运动也开进了钟宅。就是在这个时期，钟宅建起了十二个海蛎场，拥有十二台抽水机和十二辆大板车，后来又种起荔枝和龙眼，农林渔的发展使钟宅成了当时厦门相对富足的村社之一。那时，钟宅的工分值是邻近几个公社中最高的，一工分一毛两分，男的一天可拿到十二分，女的一般一天也可拿到八九分，有技术的女的甚至能拿到十个工分，农民的日子在一天天好起来。

为发展生产，钟宅人开始兴修水利。以往，钟宅人用水靠的都是祖上留下来的水井，可发展农业要灌溉，小水井显然力不从心。于是，钟宅人到同安取经，回来后仅花了半年时间就在后山开了一口直径三米、深十四米的大井。回忆起这口大井，骞公显然有些兴奋，他说："就这一口井，当年浇的地瓜地和花生田就有近百亩呢。"遥想当年，大井边上抽水机哒哒作响，哗哗的流水缓缓流过百亩山田，该是怎样一种壮观而激动的场面……如今，这口大井还在后山，只不过已经完成了它的历史使命，默默地成为钟宅人一段引以为豪的记忆。

1959年10月，骞公被任命为前线公社社长，这可以说是他一生中最辉煌的时期了。当时的厦门岛内只有这么一个公社，它的辖区相当厦门岛内一半的面积。

骞公说，伴随着人民公社热火朝天的全民劳作，"浮夸风"也一刮而不可收拾。那时候国家下了指令："要让农民放开肚皮吃饱饭。"于是大食堂的大锅里天天煮着干饭，每个人都放开了肚皮狠吃。可事实上，钟宅的水稻亩产只有七百到八百斤，地瓜的亩产良田也从来没有超过一万斤。就这样，不到一年（1960年）的时间，钟宅的粮食开始入不敷出了，好在钟宅是靠海的地方，山吃光了，海来补，三年的困难时期在钟宅倒也不算是梦魇。七十年代，钟宅的人口已增加到两千多人，农田也还只有两百多亩，粮食供不应求，每年要向国家拿几十万的回销粮。

七十年代，乡政府把孙厝近千亩的荒地分配给前线公社几个大队开垦，殿前大队不愿去，曾厝垵大队经营了一年后，因常和邻村村民吵架也不愿去了。可是地总不能荒着呀，怎么办？乡政府的人找到骞公，骞公一听，只迸出五个字："给我们钟宅！"

那一年，骞公便和村长一起组织了七八十个族人远赴孙厝开垦荒地。刚到孙厝时，生活很辛苦，村里给每个族人每天补贴五角钱。没地方住，七八十个人就借住在一所学校里。骞公安慰族人："克服一下，种出第一批粮食咱们就好过了。"族人们咬着牙，边垦荒种地，边自己搭建起了几间草房，用木板钉成的床，中间只留一条通道，男女各一间，睡大通铺。想起这些时，骞公的眉头显得分外凝重。

"还好，咱钟宅人就是能干。"他说，那一年，到了收获的季节，黄澄澄的稻谷堆满了田埂，那个场面真是壮观呀。当时他只有一个想法："好哇，咱们钟宅人再也不用挨饿了。"

那一年，钟宅的族人们每人分到了一千多斤粮食，家家户户天天都能有干饭吃。族人们还把吃不完的粮食卖给其他村的村民。

1982年7月10日，骞公退休回到钟宅，那一年，他六十岁。

他回到钟宅的那年，祖厝四周都长满了草，村民们因他德高望重，希望他能在村里再当几年书记。他答应了。那时，全国各地都在落实联产承包责任制，实行“承包到户”，可是钟宅却没有动静。

骞公急了，他知道，钟宅要富，一定也要承包到户。他敲开村长家的门，两个人对坐着抽了一晚上的烟。第二天天刚亮，一夜没有合眼的他几乎是小跑着到了村委会，把所有钟宅的干部都召集到了一起。

就这样，1982年的春末，钟宅总算也赶上了那趟“开往春天的地铁”。

……

茶香四溢中，一部钟宅的当代史缓缓流出。骞公，一个普普通通的干部，一生写满的荣耀中没有十分离奇的故事。问到他多年来获得的奖状和证书，他说，一摞一摞的，全丢了。惟一留存的是禾山镇发给的退休证。小红本的照片上，他幸福地笑着，有点拘谨，有点腼腆。喧嚣荡去，尘埃落定，也许，这就是属于他的五十年，属于钟宅的五十年……

：打破百年禁忌传说

谈话间，一位妇人从屋里出来，递了件毛衣给骞公穿上。老人介绍：“这是我的女儿。”

“您女儿？”我有些诧异，因为老妇人看起来也有六十岁上下了，而那时我还没从骞公的年龄中醒过味儿来。

“对呀，你不想想，我都八十多了呀。呵呵。”骞公笑起来有点得意，“不过，她不住在钟宅，是嫁到县后的，今天回娘家。”

“县后？”同坐的阿花听到“县后”似乎特别敏感。阿花怯怯地问，“难道，她就是当年咱们钟宅最早跟县后结婚的？”

骞公点点头，笑了。只有我一头雾水，看着老人，再看看阿花。

骞公喝了一口茶，说：“还是我来告诉你吧。”

很早以前，钟宅畲族族人大多以捕鱼为生，而邻近的县后村也是靠讨海为生计。海岸线比不过钟宅的县后，常常为海界的问题与钟宅发生摩擦。于是县后村人就纠合邻近几个村图谋灭掉钟宅。开始时，钟宅人对邻村的这一意图并不知晓。蓄谋已久的县后人天天对钟宅族人进行挑衅，他们捕鱼回来不从近路回村，偏偏要从钟宅绕回，企图寻找冲突的借口。

有一次，县后几个男子捕渔回来后，看到一钟宅姑娘在村口的井边洗衣服，于是，便脱掉内裤，裸着下身，企图以此羞辱钟宅人。说时迟做时快，瞬间谁也没有想到的事情发生了，年轻的钟宅姑娘抬头看到了他们后，深感其辱，大叫一声后就“扑通”一下跳到了井里。

钟宅人愤怒了。

县后人也知道冲突不可避免，便想着“先下手”。他们跑到安溪，向当地的土匪买枪，想回来灭了钟宅。可是县后人万万没有想到，他们找到的安溪人竟是钟宅流落在安溪的钟氏分支。安溪人一面不动声色地把枪卖给他们，一面亲自带上枪和子弹以及十名神枪手，连夜赶到钟宅通风报信。第二天凌晨，当偷袭的县后人刚刚向钟宅冲来时，就中了钟宅人的埋伏。神枪手的子弹把几个县后村的人打得落花流水。从此，县后等邻村人再也不敢来犯钟宅了，而钟宅人也立下了重誓：禁止与他们通婚！从此，在每年农历的四月十四日这天，钟宅人会祭拜这位坚守名节的村姑，钟宅人称这为“拜姑婆”。

然而，这一禁令却在骞公大女儿这儿被打破了。

骞公说“我和她公公其实是很早以前的朋友，当时她在县后那边的工厂做工，就借住在人家家里。日子久了，就跟他家的大儿子相上了对象。女儿回来跟我说，我心想，两人看对眼了就行。我就同意了。”

“当时村里没有人反对么？”

“反对的肯定是有的啦，不过……可能都不敢当面说吧，咱钟宅人的思想也不是那么古板的。再说了，又不是他们自家的女儿，反对了也没什么用。”

旁边的阿花插进来话说：“你当着前线公社的社长，官太大，人家不敢说啦。”

“哈哈哈……”老人开怀大笑，“那我就不知道了，也顾不了那么多了。”

一件打破了钟宅近百年禁忌的大事，就这样在老人的几句轻描淡写中化成了一缕遥远的青烟。但是，在老人那充满了火药味的“传奇”述说里，我们却可以感受得到当年的这一场婚嫁在钟宅掀起的轩然大波，我们甚至可以想像当女儿惴惴地向父亲说出心事的时候，骞公那瞬间的震惊。

也许，那又是一夜的抽烟对坐，也许，是几夜的辗转反侧，但无论挣扎是多么的痛苦，当那个清晨，他从屋里走出时，他给了女儿一个坚实的微笑，也许了她一生的幸福……

兴奋之余，骞公拿出1991年政府发给他们老两口的金婚纪念红匾。老人摸着那块红匾不无感慨地说：“不容易呀。想当年，三岁的时候我被卖到钟宅来，十几岁就自立门户，没房住，就租别人家的破房子。老伴跟着我搬来搬去，四十年前我们才盖了现在这幢屋子。如今，儿子儿媳、孙子孙媳都满满当当，再加上曾孙、曾外孙们，我这样的‘三对象’、‘四同堂’在咱们钟宅可是不多的呀。我现在挺好的……”阳光下，老人背靠着藤椅，静静地微笑，颔首间，藏着一股掩不住的从容和满足。

忽然间，我似乎有些明白骞公把厝建在祖坟之上的理由了。或者，可以做这样的假设：一个有着外来血统的血性男儿，急于融入这个钟姓的世界，他要寻找各种可能的方式来确证自我的存在，在这些方式中就包括在祖坟上建一座属于自己的厝。这样，不论多少年过去，不论他是否活着，就因为这厝建在祖坟上，钟宅人便永远要对着它顶礼膜拜，而他和他的家族，也将永远随着这座老厝镌入钟宅的记忆……

：九十岁笑看人生

村里人都叫她“琴仔”。阿凤说：“也不知道姓啥，不知道是不是真名，反正大家都这样叫。”琴仔住在儿子家的四楼。事先和她约了两点钟，因有事耽搁，我们迟到了半个小时。她的孙子带我们进她的屋时，老人正站在窗台边向下张望，一见我们，老太太便问：“不是说了两点的么？”

不等我们解释，老太太又是一连串的噼里啪啦：“我还以为是我记错了时间呢。一下午都不敢出去，我孙子跟我说两点有人要来，我一点半就在这里等了。等了半天也没有，我就开电视看，电视上不是有时间么？那上面的时间都两点了，还没见你们，我怕是你们找不到门，或者是我耳背听不到声音，所以，我就到窗户那边看看……”

说这些的时候，老太太已经从里屋搬来了几把塑料小凳子，让我们坐下。接着又找出茶叶罐罐，准备泡茶，可是茶杯太少，不够用。于是她又钻进里屋，抱了一大瓶的橙汁出来，硬是往每个人手里塞了一大杯。

老太太的热情和伶牙俐齿着实把我们吓了一跳。老太太说，因为以前也有邻村过来串门的人找她聊天，可是事先没约好，她跑到别人家打牌去了，结果客人找遍整个村子也没找到她，只好悻悻地走了。老太太知道后遗憾了许久。

老太太九十一岁，看上去却还很精神。她给自己搬了把小凳坐下，然后挺着胸脯甚是得意地说，“我老是老，可记性好着呢。”她指指身边的几个媳妇说：“信不信我都记得你们是谁家的媳妇呢。”

她指着阿凤说：“你是颐仔家的？”接着又指着阿雪问，“你是施洪家的吧？”在阿凤和阿雪的惊叫声中，老太太哈哈直乐。

“您老的记性真的很好哇。”阿雪忙夸了句。

老太太把嘴一撇，说：“何止呢，我还知道很多你们不知道的呢。”

于是，话匣就从我们不知道的那段打开了。

“听说，那一年，日本兵是在我们对面的五通用望远镜看钟宅，看到好像有一个穿着当兵服装的人，就以为我们钟宅有八路，之后就打到钟宅来了。我还记得，日本兵进村的那一天是农历四月十三，你不知道，日本兵可坏了，一进来就杀人放火，村子里到处是枪声，还有小孩子哇哇的哭声。我当时才几岁呀，二十出头，可吓坏了。我公公说，女人家，留在这里很危险，听说日本人专会欺负女人，他就让我带了两个孩子跟着村里别的族人偷偷摸摸地跑到后山躲起来。一路上真是吓得胆都破了呀。”

老太太睁大了眼睛，当年的惨烈似乎还心有余悸。“离开家时，我胡乱地抓了一些吃的就往兜里塞，还带了几方钱（据说，当时的铜钱五十个用纸卷一卷，钟宅方言称做‘方’）。去时根本不能走大道，只能从这家穿到那家，每家门都四敞着，有的房子还着了火，日本兵拿着刺刀在村里走来走去。我只能一路躲躲闪闪。我那时身上背着一个，手里拽着一个，还带着这么大的一个包裹，再加上怕得要死，没走多远就累得不行了。后来想来想去，没办法呀，只好一咬牙把我带的那几方钱给扔了。”老太太好像还有些心疼的样子。

老太太说，她带着两个孩子终于逃到了后山，在那里她和几个族人躲了四天四夜，把能吃的都吃光了。实在熬不下去了，只好准备回村里掏闹点吃食，就在他们回村的路上，碰到了个刚刚从村里逃出来的族人，那人一听他们要回去，大叫：“傻呀，回不得回不得啊，日本兵见一个杀一个。回去送死呀。快走快走。”

大家吓坏了，这下去哪里好呢？孩子饿得哇哇直哭，家又回不去，怎么办？琴仔都快急疯了。这时，有人提议：大家坐船走吧，走到哪儿是哪儿，海上总是安全一点。

老太太回忆道：“其实我那时一心只想着回家，咱们女人再怎样也得跟着丈夫呀。可是族人们不让我回，他们说，万一路上再碰到日本兵，我一个女人家就死定了，而且还带着两个孩子。我一想，也对，我死了没关系，可孩子怎么办。于是一咬牙，就跟着他们上了海边的小船。”

上去之后，才发现那只船是破的。船身破了个大洞，大伙也顾不了那么多了，一边舀水一边行船。可是大海茫茫，一只破船又能撑多久呢。第二天，海上下起了雨。眼见着小船快撑不住了，大家只好拼了命地往岸边划。

琴仔继续回忆着：“那时候，浑身上下全都湿透了，还特别冷。可怜我们家那两个孩子呀，我那时后悔得要命，早知道就不上船了，说不定还能偷偷蹓回家。终于上了岸，这回也真的没地方去了。有人说：算了，回去看看吧。再到处走下去我们不是冻死也要饿死了。琴仔也是铁了心，这回就是死也要回家去。一路上，他们看到路边种的桃树，此时正是桃树结果的季节，大家喜出望外，一窝蜂地奔过去，本想能找点小果子什么的吃，可一看，哪里还有剩的东西呀。桃树上光溜溜的，刚结的小果子全都被人采光了。”

一路撑着拽着，总算回到了钟宅。刚一进村，日本兵就下令把所有的人都关到祖厝里。琴仔吓懵了，抓起把地上的泥往脸上一抹，就被日本兵推推搡搡地关进了祖厝。几百号人挤在不足百坪的地方，没有水喝，也没有东西吃，小孩子哭，大人也哭，族人们以为日本兵又要杀人啦，吓得都抱成了一团儿。

琴仔抱着两个孩子缩在墙角边，几天来的奔波已经让她心力交瘁。就在她昏昏欲睡的时候，忽然听见有个声音轻轻地唤着“琴仔，琴仔！”她以为自己是在做梦，狠狠地掐了自己胳膊一下，疼醒了。于是赶紧四下张望。“哦，是阿爸！”原来，琴仔的公公也被关进来了。琴仔扯着孩子们挤过去，这才发现，公公的旁边还躺着小叔子。小叔子脸色苍白，腰部缠着一大片布条子，还渗着血。

琴仔惊问公公：“他叔怎么啦？”

公公摇着头说：“都怪我呀。三天前，我们一直没有你的消息，以为你和小孩出什么事了，我就让他去找找。谁知道，在往后山的路上，碰到了日本兵，这死日本仔的子弹打中了他的肚子，肠子都打出来了。这小子也强得很，硬是流着血往回爬。好不容易进了村子，远远地，看到一队日本兵过来。情急之下，他就打了个滚，躲进旁边的一个坟地里。可没想到，就这样，还是被那些死日本仔子发现了。他们把他又从坟地里拉出来，发现他受伤了还活着，便用刺刀挑他的伤口，可怜的孩子啊，就这样痛得晕死过去。”公公一边讲一边擦着眼泪，眉心揪成了一团。

叔才不到十六岁呀！琴仔做梦也没想到，她一走竟给家里带来了这么大的灾难。她懵了，她问：“那后来呢？”

“后来呀，也不知道他昏迷了多久，醒来了就接着往家里爬。我在家等得心都快裂了。他一到家就昏迷了。”

琴仔的心也像刀绞一样，说不出的疼。她把孩子抱得紧紧的，把头埋在襁褓里哭了出来。她说：“阿爸呀，对不住啊，都是我害了他叔。”

公公说：“算了，也不怪你啦，是那些死日本鬼子害的。”

琴仔问：“那现在他叔怎样了？上药了么？”

公公说：“哪里还有药呀，早就被日本兵搜光了。还好我以前听一个郎中说过一个治刀伤的方子，虽然不知道能不能治枪伤，可也只好死马当活马医了。我偷偷出去摘了一点草药，熬了汁，敷在他的伤口上，然后让你表侄儿几个扛着他在屋里转圈。还好还好呀，也该他命大，第二天晚上子弹就掉出来了。昨个上午他还醒了一会，跟我说话。可现在，被关到这个鬼地方，连水都没有，可至少还得敷一周的药，我上哪找去呀……”说话语无伦次的公公说着说着，眼泪又掉了下来。

琴仔知道，叔是公公的命根子，因为叔书读得好，也懂事，是她害了叔。看着叔瘫在地上，嘴唇干得都要裂出血来，她的心里一阵阵的揪紧。她知道，再不想办法弄点水和吃的，叔是肯定熬不住了。

也不知哪里来的勇气，她忽然间一个箭步冲到门口，用闽南话对把门的日本兵说：“我要回家拿尿布去。”大伙都吓倒了，连公公也不知道琴仔想干什么。他想扯住她，可是没来得及。日本兵哪里听得懂闽南方言，他以为琴仔想玩什么花样，拿着带刺刀的枪对着琴仔晃了晃，威胁她“坐下坐下！”

琴仔那时已经豁出去了，她不甘心，她想横竖都是要死的。于是，她连划带舞地哀求日本兵：“让我回去吧。要不孩子快不行了，行行好。”日本兵当然不会同意，恶狠狠地瞪着眼。就这样僵持了好一会儿，或许这一次日本鬼子只是想吓吓钟宅人，并不想杀人，所以，就在琴仔快要绝望的时候，日本兵竟然把关着的栅栏打开了。

一个队长模样的日本兵对着那个拿枪的日本兵叽里咕噜了一阵，那个拿枪的便押着琴仔从祖厝往家走。琴仔怀里还抱着小儿子。她说：“当时心里已经不害怕了，一路上脑子里只是在想怎样才能偷偷拿一点吃的。”回到家，她装做找尿布翻箱倒柜，把以前记得放食物的地方略略地翻了个遍。

竟然什么都没有！“该死的日本鬼子，把我们家能吃的都搜光了！”琴仔在心里骂骂咧咧着。忽然，她想起自己以前在门后的小壁橱里藏了一包海蛎干，因为怕潮，所以包得紧，也藏得隐秘。她过去一看，果然在！于是趁那个日本兵扭头张望的空当儿，她眼疾手快地把海蛎干藏到了小儿子的襁褓里。然后又借口给小孩擦屁股，拿了一件布衫浸到水里……就这样，她带着这包海蛎和布衫回了祖厝。到了祖厝，她把布衫一拧，水就滴下来了，看着叔贪婪地吸着水的样子，琴仔扭过头去偷偷地掉眼泪……

讲到这里的时候，老太太有点哽咽。屋里的气氛变得凝重，那段黑暗的日子就像一个惨痛的伤口，即便隔着遥远的时空，也能把人刺得生疼。老太太感慨地说：“所以啊，我这辈子总觉得都是欠着我叔的。五通那边有个‘万人坑’你们知道吧？嗯。我们村里小学的一个校长就是被抓到那里杀头的。前些年，我叔还经常到那里去演说，有人来参观，我叔就跟他们讲，他是怎么从日本人的刺刀下爬回来的。讲得气愤时，他会撩起上衣，给人看他的那道疤。”老太太摇摇头，“我很怕看到那道疤，一看到，就想起是我造的孽。”这么多年过去，老太太还在自责，在她看来，小叔子的灾难就是因她而起的，她不到处乱跑，也许小叔子的疼痛就不会有了……

几个媳妇正想着该说些什么安慰老太太，却只见她忽然间转过去，对着阿雪说：“我说的是真的。不信，你回家问问你公公。”一副似乎生怕我们不信的样子。大家还沉浸在刚才的故事中，谁也没想到她会突然冒出这么一句，大伙先是一愣，然后都笑了。琴仔也跟着我们一起笑了。

这时，阿凤插嘴问：“那一次日本人关了咱钟宅族人多久？”

“有一天一夜啊，没吃没喝的，千把号人挤在一起，那叫难受呀！”

“那后来怎么又把大家放了？”

“谁知道呀。我第二天醒来的时候就闹哄哄的，日本兵都把我们赶到祖厝前的小场子里，然后那个长得矮矮的队长样子的人就叽里咕噜地说了一通，我什么也没听懂。后来有个翻译出来说，日本人说了，只要我们听话，日本人就不杀我们，如果有八路过来，也要告诉他们，不然就砍头。再后来，我们就回家了。”

回到家，琴仔这才知道，在她走的那五六天里，村里发生了许多大事，三百多间民房被烧了一百零八间，打死了三十六个钟宅的族人。而这不过是刚刚开始，在接下来的日子，日本兵虽然不再动不动就杀人放火，可是殖民的阴影始终笼罩着这个渔村。据老太太回忆，在那之后，日本兵每天走街串巷地巡查，还经常换着衣服，一会穿便装，一会穿军装，咔咔地踩着皮鞋，一副凶巴巴的样子。

老太太“哼”了一声说：“这些日本兵都以为我们傻呢，我们不知道么，他们那是怕我们钟宅的族人起来造反，就变着法子，好让我们以为他们兵很多的样子。”一脸的轻蔑都写在了她那皱褶斑驳的脸上。

“不过，那时最惨的还是我们女人家。女孩子家白天是不敢出门的，一定要出去的话，就得在脸上抹一把锅灰，真的碰上日本兵，就尽量往人多的地方跑。”老人回忆道，记得有一次，她在自家门口喂猪，远远地看到有个日本兵正朝她的方向走来。当时她“咣当”一声把手里的锅勺一扔，拔腿就往巷子里钻。老太太笑着说：“还好我跑得快，总算没被追到。”

她说，那时候，家里有个小阁楼，只要一听到“咔噔咔蹬”的皮鞋响声，她马上架上梯子，“噌噌噌”地爬到阁楼上，然后把梯子往上一收，躲在里面竖起耳朵听外面的动静，一动也不敢动，大气也都不敢出。讲到这，老太太还站起身来，比画着自己当年跑步爬楼梯的样子，一副身手矫捷的模样，把几个媳妇们都逗乐了。可老太太这回却没笑，她说：“你们不知道呀，那些日子真的是天天提心吊胆呀，连睡觉也不敢合眼哩。”

尽管已经过去了半个多世纪，老人想起来，还是心惊胆战。战争是结束了，可心灵留下的疤是没有办法抚平的。

和老太太聊得熟了，我随口问她：“你是在钟宅出生的么？也姓钟？”老太太摇摇头说：

“姓什么我自己也不知道。我不是钟宅人，出生二十几天就被钟宅的这户人家从同安刘五店抱养过来了。来到钟宅后，却没有取名姓钟，而是随我继母姓了林。可之后，登记户口时，又有人把我的姓改成了叶。再后来，村里登记老人名单，又把我改了钟姓，一直到这几年换户口本时，才给我改回了原来的林姓。唉呀，换来换去的，随便啦。反正我都这把年纪了，是吧？呵呵。”老太太歪着脑袋笑着，那模样实在令人忍俊不禁。

老太太说：“你们知道不，我自己还抱养了一个孩子呢！”

“哦？真的？什么时候？”

“就是日本人在的那个时候呀。”

“你不是自己有两个小孩么？”

“是呀。可是你们不知道，那时候，日本人封锁了岛内运粮食的路，岛内的人都没有东西吃。不像我们钟宅，虽然也穷，但毕竟还靠着海，大家又能种一点地，好歹还能吃点地瓜和海里的鱼呀什么的。可是市里面的人没有地呀，日本人又很坏，发的米都是碎米、臭米和米糠，听说饿死了很多人哪。所以，那时有很多城里和鼓浪屿的女孩子想着法子要往钟宅嫁呢。

后来，从市内来了个卖杂货的，听他说，市内有很多人家实在养不起孩子，准备把孩子卖给能吃得上饭的人家。我听说了，便跟那卖杂货的说，带个孩子来让我看看。再后来，孩子的父母也跟着来了，两人都是教书的，没办法，没东西吃，与其让孩子饿死，不如找个有饭吃的人家。他们流着泪说只给三千（当时的货币单位，一万块等于今天的一块）就好啦。可我还是给了他们四千块，唉，人家父母也不容易呀。”

“那你的钱是哪里来的？”阿凤抢着问。

“我开海蛎呀！”老太太一下子提高了音量，显然有些小小的得意。她说，“我每天一大早起来就撬海蛎，撬一天海蛎就能挣到一毛多钱呢。我撬海蛎可快了，你信不信，我们可以比一下。我现在就是有点老花而已啦，呵呵。”老太太说着说着，又呵呵地笑了起来。

我们不知道，在那样人人自危的年代，是什么样的力量和勇气促使老太太收下了这个孩子，但是她的确坚持下来了，并且把他抚养成人。老太太说：“日子是苦，可人活着呀，就要对得起自己的良心……”也许，一切就只因了一个善良的愿望……

我们离开时，老人送我们到楼下，说顺便到菜市场转转。四楼的台阶，对九十高龄的人的确是个不小的挑战。老太太说，她每次上楼中间都要休息一次，不过下楼就不用了。走在往菜市场的路上，老人一边走还一边说，没事的时候，她下午一点多就出去到别人家里打纸牌，去得晚了就没位子了，所以有时得老早去占个位子。偶尔也下点注，都是老人家，一注也就几分钱，可是在老人家看来，不论输赢多少都是大事，所以，有时牌桌上还会因为算账的事争吵起来。

阿雪说：“我下次跟着你去打牌，帮你算账好不好？”

老人一脸的兴奋，拍着手直说：“好哇好哇！不能骗我哦。”快乐得跟个孩子似的。

：隆政权与村民主

××年××月××日，钟宅的男女老少把老人会围得水泄不通，大厅里坐满了村民代表，乱哄哄的场面让这间不大的屋子有点透不过气了。有人开始在大叫：“快把候选人叫出来，我家的猪还没喂呢！”“有没有发钱啊？没有叫我们来这里干嘛？”隆哥此时才缓缓地走向讲台……

隆哥在治保主任的职位上干了两届，村里的治安状况明显好转，他的能力是不容置疑的。正是由于他的出色把握，他深得族人和上级的信任，因此，他走上讲台时显得极为自信。

在这两届的八年时间里，各种情况变化很大，比如镇里主管治安的副镇长当上了镇长，村委会里有的人因为年龄大退了。其实，在上次选举的时候，就有呼声要隆哥出来竞选钟宅村主任，但是由于村主任候选人需要是党员，隆哥那时还不是党员，所以上不了候选人的名单。这次隆哥具备了竞选村主任的条件，隆哥入党了。

“与上级关系是没问题了，毕竟是相处了六年的老领导了，上级提了，自己怎么会提不了呢？现在的关键只是族人而已。”隆哥肚里有着自己的小九九，但在公开场合，他说得就更有风趣了：“其实阿扁仔也厉害不了多少，他在台湾选总统跟我在钟宅选村长差不多，双方的固定票源差不多，关键是争取中间选民，所以我看阿扁仔也就只配当个村长。”

隆哥到底是怎么争取的，都用了些什么手段当上钟宅这个民选村长的，他没有说过。他表示：“花几十万为选一个村长不值，花出去的钱肯定是要搞回来的，到时东窗事发就晚节不保了。”确实，隆哥讲的这些话都入情中理。

“有民主，就有竞争，有政治，就要有手段，钟宅由于经济的飞速发展，政治民主也得跟着进步，所以嘛……这次民主选举村长的秩序还是比较好的。”上级的盖棺定论使隆哥和很多支持隆哥的族人多喝了好几天的酒。

“竞选还是挺紧张的。”隆哥说，“第一步是争取上候选人的名单，由于老主任已经干了很久了，镇里的领导也换了，老主任失去靠山，上面没人了。”

“上面有人”这是隆哥的一大优势。所以，在推荐候选人时，老主任就被落下来了，除了老主任是隆哥的对手外，其他的村委或有意竞选的人资历比隆哥差得老远嘞”。钟宅的民主选举从一开始就注定了隆哥赢的结果。

接下来更重要的是候选人的拉票。为了拉票候选人得在村民大会上发表自己的施政纲领，这是隆哥的内行，隆哥从政多年，对解决各方面的问题早就游刃有余了，因此，在台上他的心是平静的。他对钟宅的族人们许下了最大的承诺，那就是他永远不做钟宅的罪人。隆哥在竞选纲领中还提到要大力发展钟宅经济，完善老人的社会保障，发展教育事业。不管这些话有多好听，这些计划后来实行得怎么样，反正族人给予了热烈的掌声。

“参选就是为了当选。其实今天讲的明天也不一定能实现。就像投资就是为了得到利润一样，庄家与股民都有风险。”隆哥说这话时很不像个村长，倒像个部长。有传说其他地方的选举拉票拉得很厉害。隆哥说：“我只给亲戚朋友打打电话寻求支持，当然也靠一些亲戚朋友出去向其他人讲一讲。”隆哥善待自己的结果是，他当选了，他成了六百年钟宅畲族民众的第一届民选村长。

隆哥表示，作为村长，不去为村民考虑，不去为村民干实事，那就是失职。隆哥用自己的嘴道出了现代中国基层民主政治中最急需、最先进的观念。

中国现代的政治理论家认为，执政的权利来源于民意，那么这一权利就得服从民意，为民谋利。早几年中国根据这一理论在基层推行民主选举，其实那民选的村长到底是在为选民服务，还是为上级服务，很难说得清楚，村长们也常常面临着两难的境地：要么服从上级而不遵循民意，要么携民意跟上级对着干。隆哥恐怕也同样面临着两难。

：十年多变

人长得很坚实的隆哥为人果敢坚决，很具有闽南人敢打敢拼、吃苦耐劳的精神，这是钟宅族人对他的评价。隆哥作为钟宅的“政治家”，似乎从一开始就注定他将“统治”钟宅，但是你很难想像得到他是怎么起家的。

隆哥与其他五十多岁的中国人有着相同的经历。1966年在读中学的隆哥参与了如火如荼的“文化大革命”，隆哥参加了“红卫兵”，他还两次步行到北京见毛主席，而且两次都被他见着了。六十年代在天安门广场，百万“红卫兵”穿着同样的绿军装，挥舞着同样的红宝书，喊着同样的“毛主席万岁”，不知道那时的隆哥是衣服比人家穿得整齐，还是手臂挥舞得比人家用力，或万岁的口号比人家喊得更大声。总之，从那一刻起，隆哥就注定是钟宅比较出色的人，比较另类的人了。

“文化大革命”发展到武斗的时候隆哥回家了。在毛主席号召知识青年上山下乡的年代，隆哥被安排在钟宅生产队干农渔的活。隆哥年轻力壮、块头又大，所以挑海蛎他每次都能挑两百多斤，这纪录在钟宅保持了很长很长的时间。

“当初什么都不懂，只是有力气而已。”隆哥憨憨地说。由于隆哥的出色表现，大队派他到信用社上班，一下子从干体力活的变为干闲事的，这对充满躁动的年轻人来说当然是兴奋不已。只是不安分的隆哥只干了一年左右就坐不住了，就像是学生喜欢逃课一样，隆哥上班时总爱骑个自行车在村里兜上两圈……

以后隆哥进了蘑菇厂，两年后又转入运输队。这是份更需要体力的活儿，但凡一个有劲的男人是耐不住力气的躁动的。隆哥说，钟宅有一百多栋石头房，其中就有八十多栋房子的石头是他搬的。他还说：“那时族人一般会给帮忙搬石头的人准备一些米粉和酒做酬劳，我今天的酒量就是从那个时候锻炼出来的。”

八十年代初，在中国农村实行家庭联产承包责任制后，厌倦了农活的隆哥，花了八千多块买了村里的第一部解放牌卡车搞起了运输。一年后，他又把车以八千多块钱卖掉，这原价买进又原价卖出，其中的他狠狠地赚了一把。

后来他与人合作办过香料化工厂，一年后香料厂倒闭了，这是他栽的第一个跟头。

八十年代中，有个台湾人在钟宅养狗。台湾人走后，隆哥他自己也养了一年多的狗，养狗的同时还养猪，正是这些猪、狗成了他发迹的“贤内助”。以后他还养过海蛎、搞过虾池，随着钟宅经济的快速发展，隆哥终于有了自己的厂房，再后来他又把厂房出租给了人家。

隆哥十年，十年多变，每次变都需要坚强的意志，十年多变把他造就成一个灵活、精明的人，他常常能根据时代的变化做出正确的决定。隆哥身上反映着钟宅人艰苦创业、吃苦耐劳的精神，也反映着钟宅人的精明。

隆哥是个爱喝酒也很有酒量的人。“年轻时讨海蛎可不管什么水冷、水热的天气，一杯酒下肚就是最好的奖励。”喝酒时隆哥常这么讲。“我头脑简单，只会干体力活，也没想过当什么领导。”隆哥酒后可没吐真言，但我没怪他。在我看来，哪个男人不想在政治上有所作为！科举制度、仕途之路，那都是光宗耀祖的首选。再者，即便隆哥不想，钟宅族人也不允许他不想呀。“文化大革命”过后，邓把毛的路线给改了，凡事都要讲个发展，都要讲个民主，这使这个钟宅农民的“仕途”之梦有了实现的可能。哲学上有那么一句话，“政治是经济的集中表现”。“隆哥当上村长也是钟宅群体利益的代表，当然也包含了他自己的利益。”我赞赏隆哥的坦诚。

其实，隆哥蜗居在养殖场的时候，就处处表现出政治家的风范。养殖场养了很多猪，隆哥总是把猪粪无偿的送给一组和三组的族亲、邻里们当肥料，一来、二往，他以猪粪当纽带，紧密地团结了一大批人，也笼络了一大批人，为这家人没少跟他吵，可这也为他在后来的选举中，准备了一堆的人情票。

隆哥 1994 年当上钟宅村村委会的副主任，对于当副主任前的自己。隆哥是这样描述的：“当时我一心一意搞个体，又住在海边，那里人比较少，根本不知道村里的情况，也不懂村委是干吗的。只是一组和三组的人在耕作时谈起，跟他们也比较熟悉。”按隆哥的说法，在选村委前，他是一个默默无闻的人，是一组和三组的族人让他去竞选，并联名推举他为候选人，他才去竞选的。隆哥没有充分的心理准备参选是真，在被镇党委和选举工作组确定为副主任候选人后，他又觉得自己太幸运了，“我能有个村委候选人的资格就可以了。”

其实所有的选举都要靠候选人个人的努力。如果隆哥不与绝大多数族人搞好关系拉他们的票，隆哥怎么可能在最后高票当选呢；如果不是与上级搞好关系，隆哥又怎么可能被推选为副主任候选人呢。时代和隆哥都进步了。

村民直接选举村长，候选人拉选票是件很正当的事，隆哥以猪粪拜票留给人想像的空间，也体现了畲族族人的智慧。

2000 年隆哥在被确定为候选人后，镇长亲自去他家慰问、了解情况。隆哥说：“当被问到对钟宅有什么构想时，我脑袋一片空白，只说老百姓信任我，要我怎么做就要努力做好。”其实镇长的到访，对钟宅的选情产生了重大的影响。

对于钟宅来说，基层政治最重要的就是票子和关系，农村中还留有根深蒂固的封建意识，在选举过程中也不可避免会出现地缘票、血缘票、人情票、金钱票甚至是拳头票，这一切可以从隆哥的言语中和他的“猪粪外交”中看出来。而管理这样大的一个村庄，票子之外需要靠关系，需要强有力的手腕，这样才能使政令在这法律还不是很完善的钟宅畅通无阻。■

后记

《大厝 · 钟宅》问世了，犹如十月怀胎般地孕育了一个生命、记录了一段历史，又如凤凰涅盘融于钟宅六百年历史与文化的延续之中。

处于厦门岛东隅的钟宅，是纷杂、混乱的，在那些残垣断壁后面，在那些高起的新楼后面，很难搞清楚钟宅是残缺的美还是繁荣的败落。十个月来我走街穿巷翻陈历史遗留的细节，正是在这些细节里，我感触到这个民族的生命，体悟到这个民族的文化，它们停留在古厝镂空的木雕里，停留在中梁上那红漆斑驳的八卦图里，停留在弃于巷尾的石磨里，停留在祖厝前那无人知晓的石柱里……它以一种神秘的力量划定了今天与明天的界线。

文化如同生命不可复得。作为异乡人，我无法全部理解钟宅畲族人六百年积淀的意识，只有尽可能地呈现细节，这些静止的片段，折射的是钟宅真正永恒的灵魂。

作为本书的支持者，厦门国源房地产公司是最值得敬赖的，她以一种人文的眼光看中了钟宅这块瑰宝，全力支持我把这瑰宝内含的美感淘洗出来。本书的另一位支持者，是钟宅村委会钟水胜主任，他给予我的访问以全力地支持，正直、侠义是他的本性，从他的身上我看到畲族人的高尚品质。

本书的故事来源于多个故事的汇集，并非是一人专属，本书的图片为抓拍的实景，决非刻意为之。■

强 涛　　2005 年冬日于北京

作者简介

强涛_满族　1953年出生于广州　长在北京

15岁时为黑龙江生产建设兵团知青，在北纬49度的嫩江平原上度过难忘的春冬夏秋。

21岁时回到北京，做过语文老师、汽车修理工。

1977年考入北京师范学院研读中国文学。

大学毕业后在国务院机关做公务员，随后转入报业做新闻记者长达22年。

“事实不可歪曲、意见大可不同”，是为人、为文的标准；“行遍中国南北、探访山河东西”，是言及行的目标。

在浪迹天涯的旅途上，对人生及社会感悟笃深。2005年始为独立撰稿、摄影人，

行踪仍为闽粤大地及西南、西北少数民族地区，旨在拣拾历史遗迹，补遗画外人伦。

著有《不尽旅情》、《大厝·钟宅》、《钟宅社》、《木野集》等图文集与摄影集。

* 本图书如有任何印装质量问题，请与印务中心质检部联系调换。电话（010 - 84047104）

(京)新登字083号

图书在版编目(CIP)数据

大厝·钟宅/强涛著.－北京：中国青年出版社，2005

ISBN 7-5006-6658-6

Ⅰ.大... Ⅱ.强... Ⅲ.畲族－居住区－概况－厦门市 Ⅳ.K288.3

中国版本图书馆CIP数据核字(2005)第132163号

策划 ：陈晓雯

作者 ：强涛

责任编辑 ：小马哥

书籍设计 ：小马哥·橙子

出版发行 ：中国青年出版社

社址 ：北京东四12条21号（邮编100708）

网址 ：www.cyp.com.cn

营销中心 ：010-64065904

编辑部 ：010-64033818

印刷 ：北京顺诚彩色印刷有限公司

经销 ：全国新华书店

规格 ：880 × 1340mm

印张 ：11

字数 ：150千字

版次 ：2006年1月第一版

印次 ：2006年1月第一次印刷

印数 ：1-10000册

书号 ：ISBN 7-5006-6658-6/K·398

定价 ：38.80元

厦门·中国东南沿海最美丽的海滨城市　拥有六百年历史
钟宅·位于厦门岛东北部的钟宅湾　钟姓畲族部落在此凡六百一十二年
五房　二十二代　七百多户　三千八百多人
东经·118° 04′ 04″
北纬·24° 26′ 46″

责任编辑 _ 小马哥

书籍设计 _ 小马哥 · 橙子

ISBN 7-5006-6658-6/K·398

定价 _38.80元（附赠笔记书Ⅰ.Ⅱ）